人分けの小道

北山ひとみ

Life Design Books

はじめに

栃木県那須高原、横沢の地に通い始めて30余年にもなります。しかし、訪れるたびに懐かしさを感じると共に、毎回新たな出会いがあり、いつもその自然は私を新鮮な気持ちにさせてくれます。

那須は八溝山系に属し、関東の北限、そして東北の南限にあたる、北方系植物と南方系植物とが混在する大変ユニークな地域です。大正15年には皇室の那須御用邸が造られ、ロイヤルリゾートとして多くの方々にも知られるようになりました。昭和天皇が『那須の植物誌』を上梓されたように、この地は多くの植物が育つ豊かな自然の宝庫なのです。

私ども二期倶楽部のある林は、もともとは農用林として使われていたと聞いています。クヌギ、コナラやアカマツ、そしてスギ、ヒノキの植林のある雑木林は、落葉後、葉は堆肥に使われ、生長すると薪や炭に活用されます。伐採時には切り株が残され、再び芽を出して生長するのを待ちます。裸地はまたたく間に草が茂り、またその草や枝が刈り取られます。この雑木林の循環が、二期の森に生物の豊かさをもたらしているのです。ヒューマンサイズに残されたこの自然環境は、私たちが育んできた全てのブランドの源です。

弥生、ようやく暖かさが増した頃でも、山の春は遅く、落葉樹はまだ枯木ですが、目を凝らせば、枝先にはすっかりとふくらんだ冬芽の開く日がとても待ち遠しく思われます。春一番が吹く頃には、雑木林に咲く薄ピンク色のツツジに心洗われ、林にあるブランコの場所から、ツリーハウスに至る遊歩道の足元には、美しいカタクリが咲き、真白なニリンソウに続いて野生の麓菫《ふもとすみれ》、立坪《たちつぼ》菫《すみれ》など、次々に咲き乱れる山野草が愛らしい姿をみせてくれます。

ちょうどゴールデンウィークの頃、敷地内の桜が散り始めると、すぐに新緑が光に輝き、日毎に緑が増す夏を迎えます。真夏の太陽の日差しも、旧暦の立秋を過ぎる頃には涼風が立ち、蜩《ひぐらし》が鳴き始めます。夏の終わりにほっとする思いと同時に、夏の光が懐かしくもあり、何か一抹の寂しさを感じるのは皆さん同じようです。高原の秋は足早にやってきます。息を呑むほどに美しい、シャンパーニュゴールドのグラデーションの林の中に、一際鮮やかに色づいた紅葉やドウダン、そして実りの秋にふさわしい山菜やきのこ。この地で、乳茸《ちたけ》をいただけることも知りました。ガーデナーに教わり、斜面をよじ登って地シメジを両腕に抱えるほど採った日のことや、アメリカウラベニイロガワリを恐る恐るソテーにし、口にした時の美味しさは忘れられません。そして実りの収穫を終えた殺風景な田園に雪が舞い降りてくる頃、再び冬が始まることを知ります。すっかりと木の葉が落ち尽くしてしまった林は意外に明るく、木々を見上げると、空が格段に広く感じられるから不思議です。キーンと冷たく澄んだ空気の中、冬空に輝く星たちの中でもやはり王者、オリオン座は堂々と見事に輝いていいます。春夏秋冬と移ろう季節の変化には、全く飽きることがありません。

「自然に酔う甘美な心持ちは日本文化を貫徹して流れる特徴である」　和辻 哲郎

「人の中心は情緒である。情緒を形に表現することは大自然がしてくれるだろう。情緒を清く豊かに、深くしてゆくのが人の本分であろう」　岡 潔

日本人は季節の変化を全身で引き受け、それを生活の中に取り込み、独特

の美意識を育み、文化として蓄えてきました。たとえば和食です。普段の食卓でも季節の素材を、走り、旬、名残、と呼び名を変え、素材の滋味に合わせて調理方法さえも変え、それを色とりどりの形を持つ美しい器に盛ることで、季節の繊細な移ろいを楽しんでいます。また私ども二期倶楽部では、人日《じんじつ》（1月7日）、上巳《じょうし》（3月3日）、端午《たんご》（5月5日）、七夕《しちせき》（7月7日）、重陽《ちょうよう》（9月9日）の五節句には、若いスタッフたちが空間装飾を変えています。「室礼《しつらい》」は、暮らしの中でのインテリアの一部として、日常の生活に定着している様式です。

このように日本人は工芸やアート、食に至るまで、自らが作る芸術や文化について、自然と人間との間に創造的関係を生み出すものとみなし、この精妙で捉えがたい自然と丁寧に営みを重ねてきたのではと思いを巡らせます。

自然を楽しむのは日本人だけなのでしょうか。

「子曰く、知者は水を楽しみ、仁者は山を楽しむ」『論語』雍也篇

「山林か、皐壌《こうじょう》か、我れをして欣欣然《きんきんぜん》として楽しましむるかな」『荘子』第三冊

中国の先人たちも、山や水に接すると楽しい気分になると記しているのですから、自然を楽しむということは、人に生来備わっている原初的感覚ともいえるものなのではないでしょうか。

慌ただしい都会生活から少し離れて、ゆっくりと流れる時間の経過を五感で堪能する。「人間と植物のあいだの一期一会の出会いともいうべき瞬間」（『宇宙樹』竹村真一）に出合う、そんな贅沢なひとときを過ごす皆様にとっての唯一無二の心の故郷となることを願っています。

北山　ひとみ

人分けの小道　目次

1.

東洋の思想に根差した
キラリと光る小さなブランドを目指して

ここにあるのは森の生活です。
自然と、自分とを、みつめるための手掛かりです。
かつて、ソローはウォルデン湖のほとりで、
少ないもので暮らすことのゆたかさを発見しました。
そのひそみにならい、私たちは三つの椅子を用意しました。

一つは、孤独のため
一つは、友情のため
一つは、社交のため

そして、もう一つ、たいせつなこと。
静けさがあります。

1. 東洋の思想に根差したキラリと光る小さなブランドを目指して

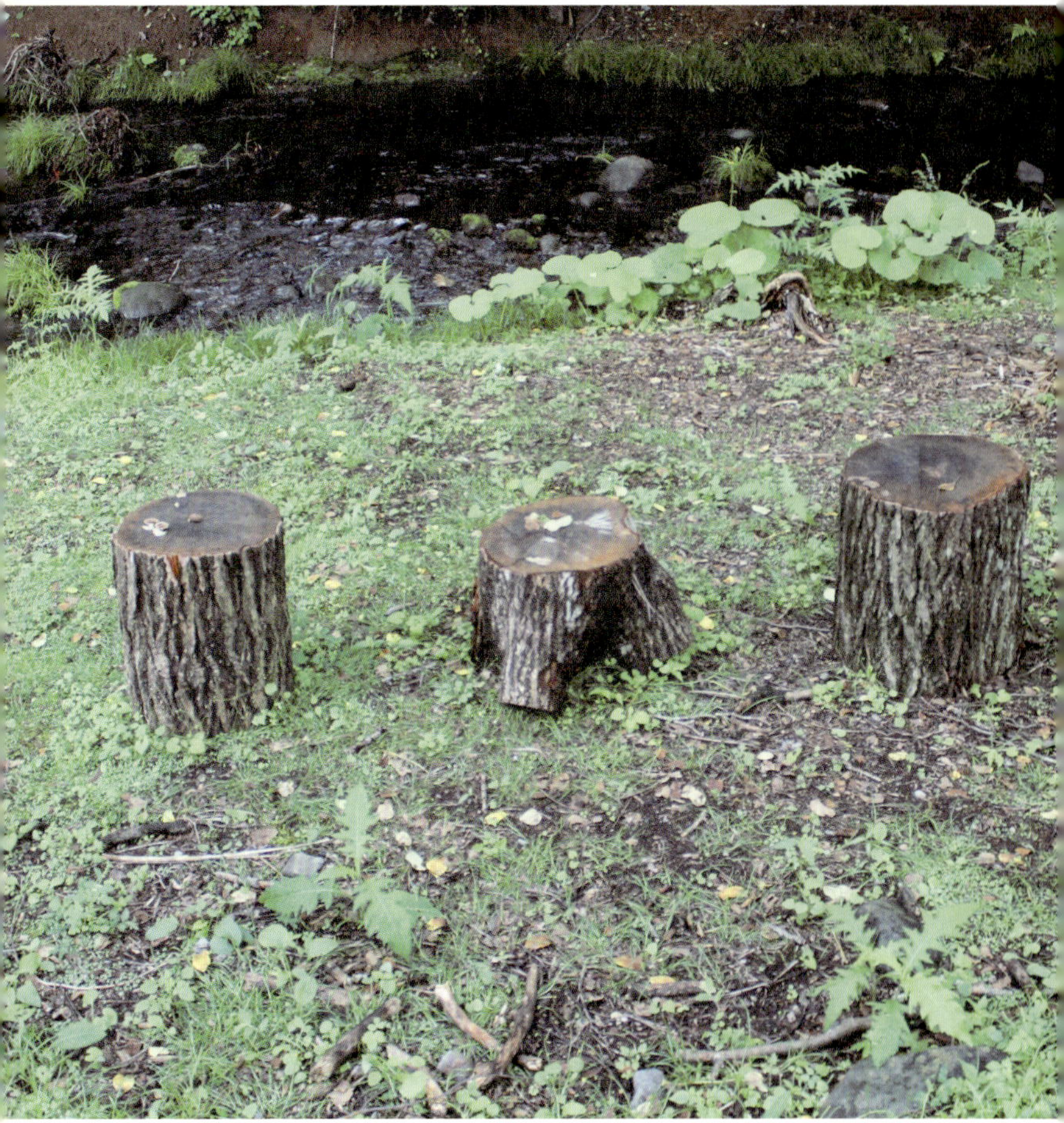

技を磨く、和魂洋才のニュー旅館

都市の生活は、人と暮らす社会です。友人、知人、仕事相手などの関係性を加味して日々のスケジュールが組み立てられています。その暮らしぶりとは自分ではなく、他人との関係によって形作られているといっても過言ではありません。

しかし、自然は都会の生活から一線を画して静かに時間を過ごす時、誰にも邪魔されず自分と向き合うひとときを与えてくれます。この恩恵を受けるために、人は自然の中に身を置くことを考えます。そこでは私たち人間も自然の一部であることを自覚し、忘れかけていた自己を取り戻すことができます。そのために人は旅に出かけるのです。

ホテルの機能と旅館の温かいおもてなしを持ちあわせた「第三の宿泊施設」をコンセプトに掲げ、１９８６年、「二期倶楽部」が誕生しました。「本物」

だけが持つ圧倒的な力を信じて決断した結果、本館の客室は6室からのスタートとなりました。一期一会から二会、三会と、度々ご来館いただき、生涯にわたりご利用いただきたい。そんな願いをこめてこの小さな宿を「二期倶楽部」と名づけました。

開業当時の6部屋に1997年、14部屋を増築いたしました。空間デザイナー杉本貴志氏を起用し、客室に加えて、バーやレストラン（現在メインダイニング「ラ・ブリーズ」）を新設し、自家菜園も充実させ、「食」というコンセプトを明確にしたことで、二期倶楽部のスタイルは業界各誌で紹介され、高い評価をいただきました。周囲の反対をおしてスタートした増築計画が成功し、ホッとしたものです。

その後、2003年にスパに特化した東館（現NIKI・CLUB & SPA）を新設。アジア初のコンラン卿のホテルプロジェクトとあって、各方面に大きな話題を呼び、2004年度には90%もの高い稼働率を達成して驚いたものです。2006年には、20周年記念事業として庭内に野外劇場「七石舞台「かがみ」」が完成。続いて、隣接地にゲストハウス「観季館」をオープンしました。そし

ラ・ブリーズ
二期倶楽部のメインダイニング。「和魂洋才」「温故知新」をコンセプトにした「にき料理」が楽しめる。毎朝届く摘みたての野菜で丁寧に仕上げられた二期倶楽部特製の和朝食「にき菜重」では、飼料から創り上げられたオリジナル滋養卵「純」を掛けた〝卵かけご飯〟も味わえる。

て二期倶楽部のお客様でもある某投資家の協力のもと、ガラス工房と焼物工房を併設した長期滞在型レジデンス「アート・ビオトープ那須」をプロデュースしました。こちらは現在、二期倶楽部の提携施設として運営管理しています。これで当初計画していた本館（にき倶楽部１９８６）、東館（NIKI・CLUB & SPA）に、スモールビレッジ横沢アートコロニーの新しいモニュメントである「七石舞台［かがみ］」が揃い、ゲストハウスやギャラリー空間もほぼ整い、創業から20年を経て、「カルチャーリゾート」としての新たな一歩を踏み出しました。

たった6部屋の簡素な二期倶楽部は、スタート時から順調だった訳ではありません。１９９０年代のバブル崩壊後、観光業全般は苦難の時代を迎え、たった6室の部屋でさえ空室が出ることもありました。東北道の那須インターから決して近い距離でもなく、送迎バスを運行できる体力もない、立地も決してベストとは言えません。

常に自分であればどう行動するか、何が欲しいかを考えながら、スタッフ一丸となって料理から接客まで改善に改善を加え、徐々に新しい顧客を増やしてまいりました。宿屋としてやっていける自信らしきものが芽生えたのは、開業して7、8年も過ぎた頃です。一方、日本の宿泊業界では、1985~6年をピークにいわゆる大型の温泉旅館がどんどん衰退し、スモールホテルが替わって成長してきました。私たち二期倶楽部も、この新しいトレンドの中で業績を伸ばしてきたのです。

「二期倶楽部」という不思議な名前は、認知していただくのにも随分と時間が掛かりました。さらに、その一種独特の建築に戸惑われる方も多くいらっしゃったのです。エントランスにそびえる壁は、今でもお客様の心理に入りにくさを感じさせてしまうようです。実際には大谷石の壁は、シーズン中の外の喧噪と、那須連山から吹き下ろしてくる風に対する防御を兼ねています。切妻風の瓦屋根に赤松の組み合わせ、そしてノミで一本ずつ熟練の職人が削り上げた栃木県産の大谷石を1500本使い、なまこ壁の様式美を取り入れました。宿泊棟の前にある水庭は常に水深5センチに保たれています。そのためにわずかな風にも美しい水紋が生まれ、深い軒先に揺らめく光と影とを投げかけます。水が照る光と影のことを「水照《みで》り」と呼ぶそうです。北原白秋の故郷・柳川ではこ

なまこ壁

壁塗りの様式の一つで平らな瓦を壁に貼りつけ、目地の部分は漆喰を盛り上げた形に塗ったもの。保温、防湿、防虫に優れ、雨や風などに強く、冬の那須連山から吹きつける北風、通称「那須おろし」から建物を守る。

の水照りのことを「昼鼠《ひるねずみ》」と呼ぶそうで、ネズミがいかにも忙しく動き回っているような様子を表すこの美しい日本語は、詩人の高橋睦郎先生に教えていただきました。四半世紀以上の時を経た今も、この美しい建築の静かな佇まいはかわることがありません。

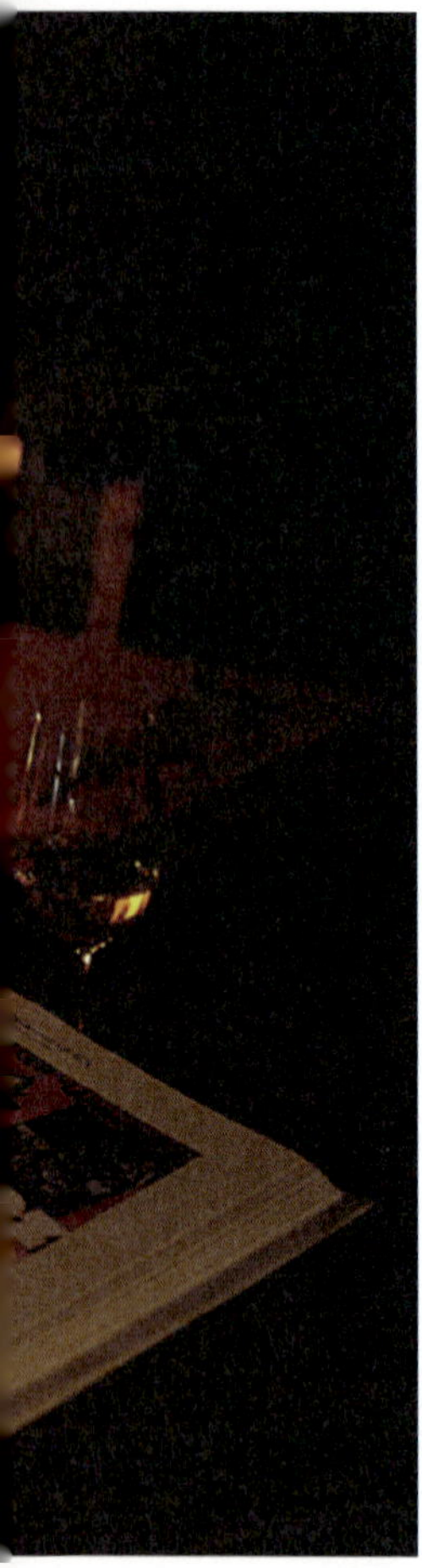

1. 東洋の思想に根差したキラリと光る小さなブランドを目指して

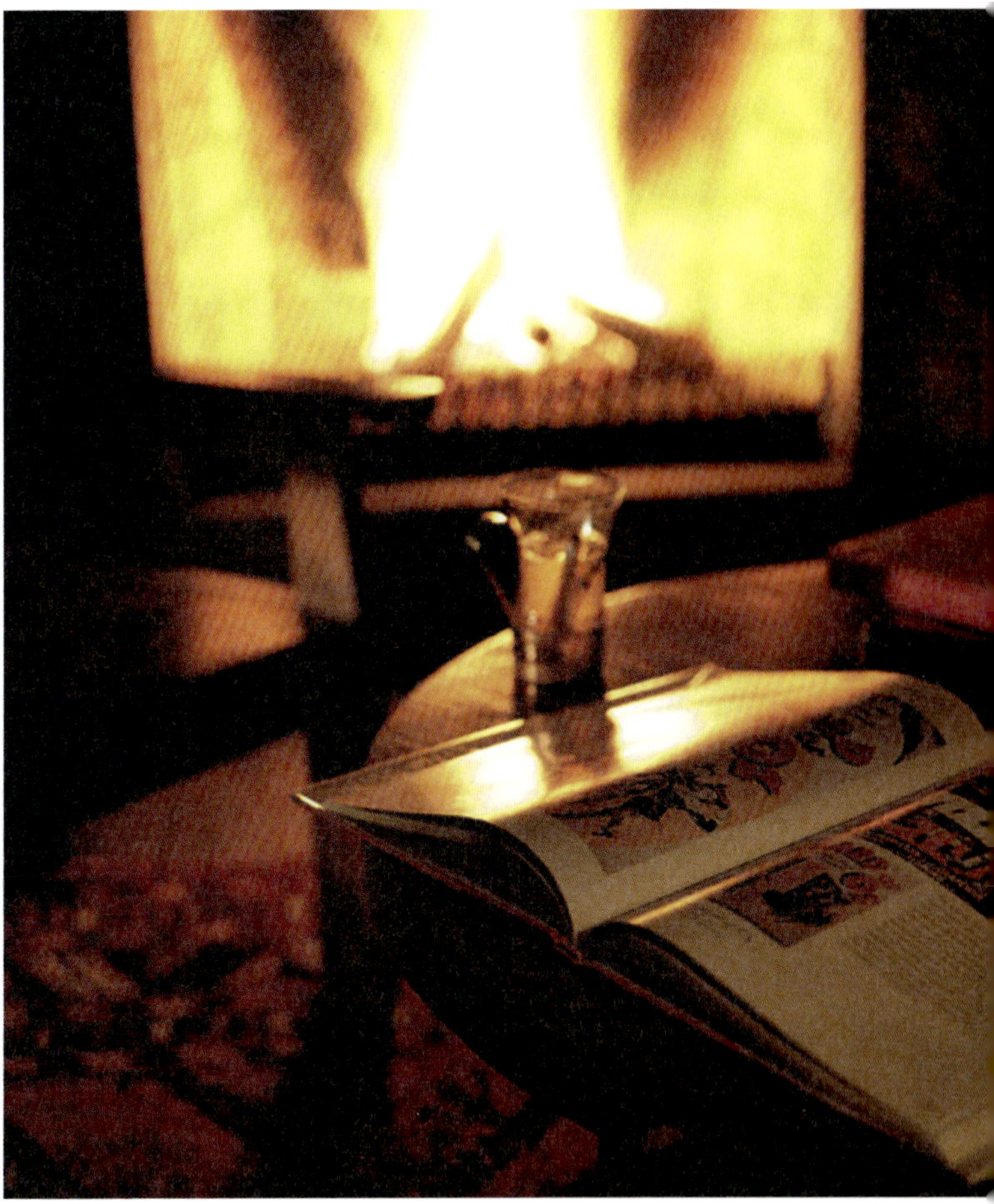

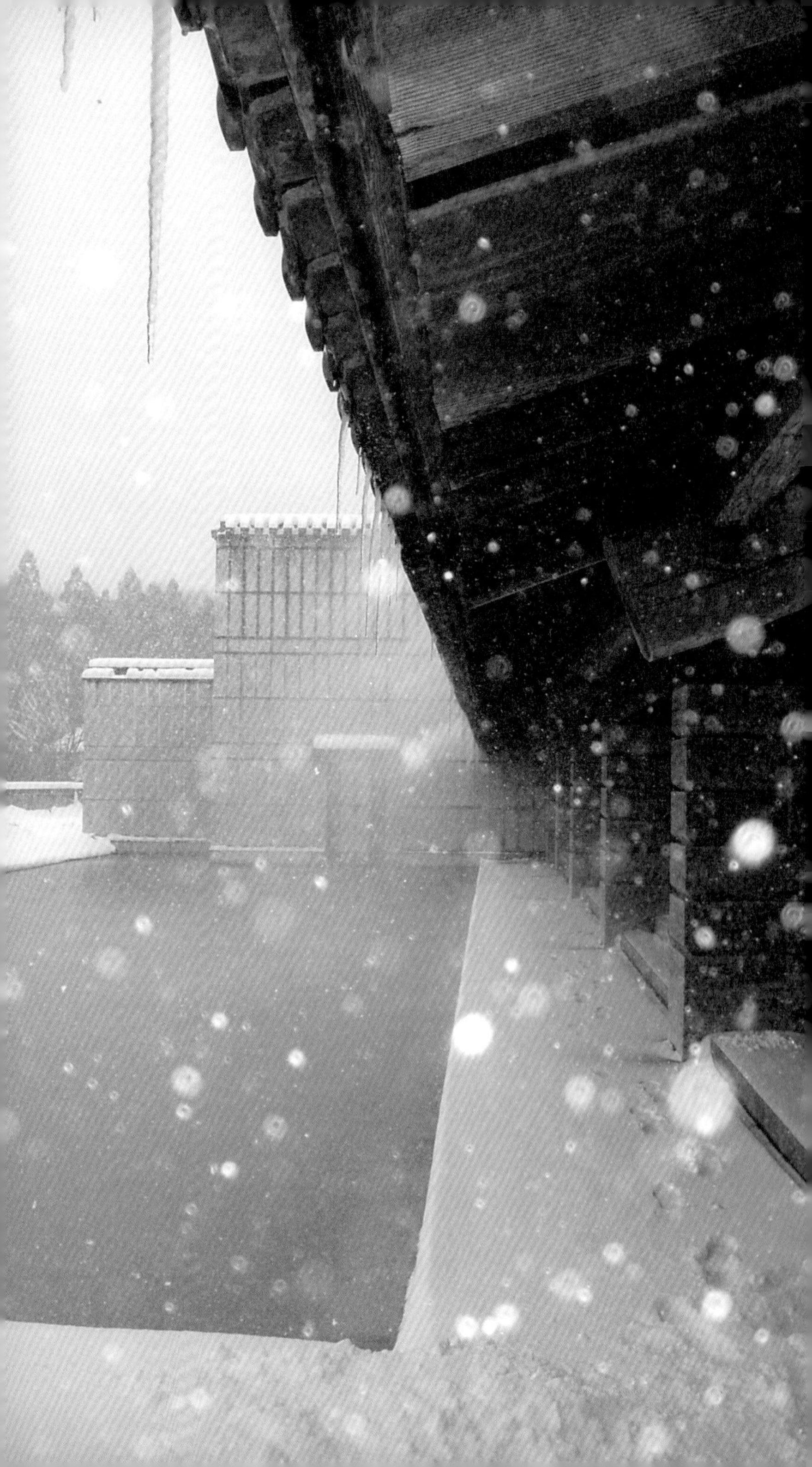

自然と一体となったもてなしの実現

二期倶楽部には特別なものはありません。私どもにとっては、客人を家に招いた時のおもてなしを実践しているに過ぎません。日々の暮らしの中の延長線上にあるラグジュアリー空間という認識をもって、お客様にそっと寄り添っていきたいと思っています。「おかえりなさいませ」の言葉は、人として大切にお付き合いしていきたいという願いからこぼれ落ちた言葉です。創業当時に訪ねて下さったお客様から、当時の情景が今でも記憶に残っているというお言葉を頂戴しました。その時、お客様との関係が育めたと実感したことを今でも大変嬉しく思い出します。二期倶楽部には受付カウンターもありません。一般的ホテルのレセプションは働くスタッフが機能的に働けるよう造られています。まず、到着されたお客様には、ぜひガラス越しに映る二期の自然を味わっていただきたいと思います。そしてレセプションから客室までの動線では躑躅《つつじ》や百日紅《さるすべり》をご観賞いただき、小鳥や虫の声に耳を傾けていただきながら、二期の森をさまざまな角度からお楽しみいただければ嬉しいかぎりです。

常に自分自身であればどう考えるか、どう行動するか、どういうものが欲しいか……一夜考えてみたら、見えてくることがあるものです。こうした試行錯誤の結果、できあがったハードやソフトが二期倶楽部なのです。

最近でこそオープンエアの下でお茶やお食事を楽しむ方も多くなりましたが、二期倶楽部は創業以来、この豊かな自然を楽しんでいただけるよう様々な工夫をしてきました。庭でのランチボックスやテラスでの食事、サンクスガーデンでのカクテルサービス、さらにライブラリーホールでのティータイム……創業以来、お客様にお楽しみいただいてきたこれらは全て、那須の自然に少しでも触れていただきたいという私たちの願いから生まれたものです。

五節句のしつらい

季節の節目毎に神を祀り、古来からのもてなしの心を表現する。四季折々の日本の美しい文化や風習を二期倶楽部のスタッフは日々学び、受け継いでいる。

1. 東洋の思想に根差したキラリと光る小さなブランドを目指して

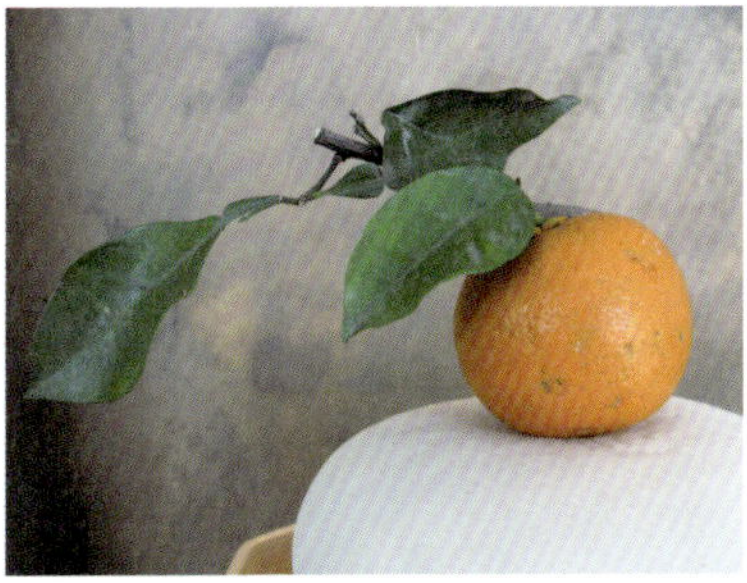

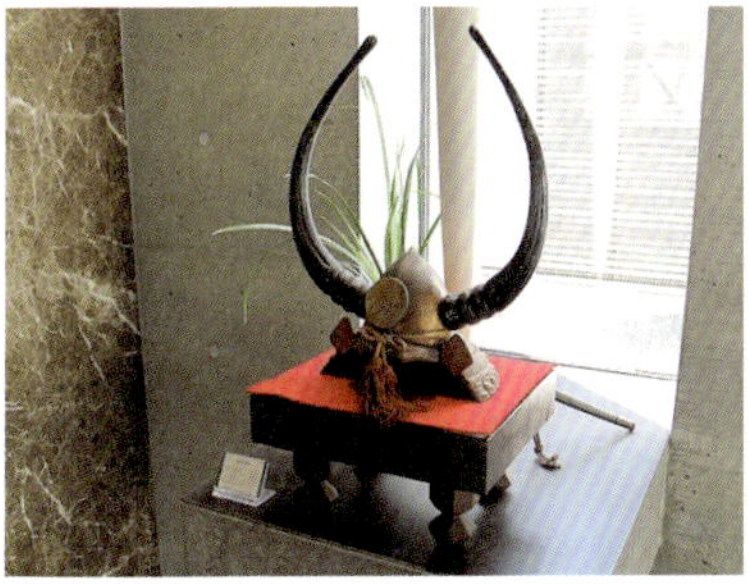

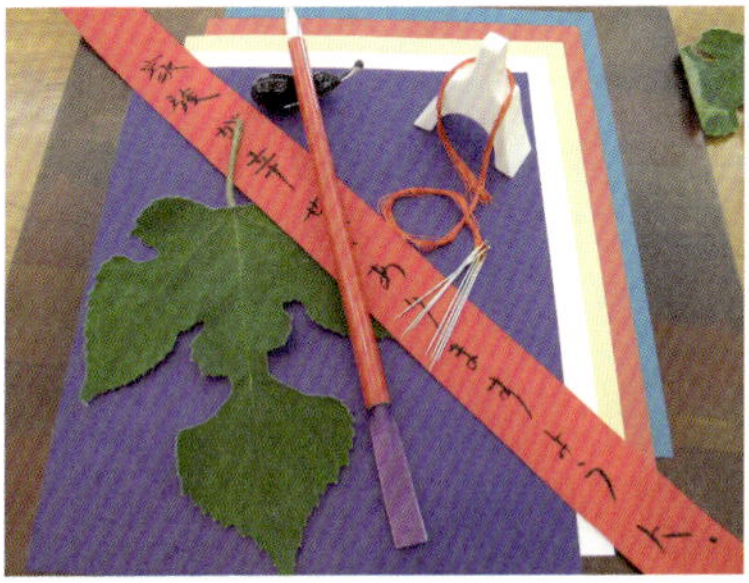

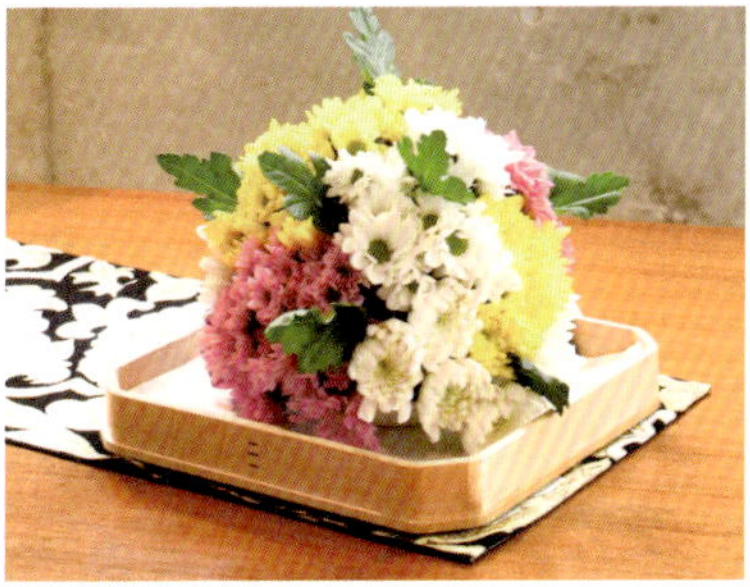

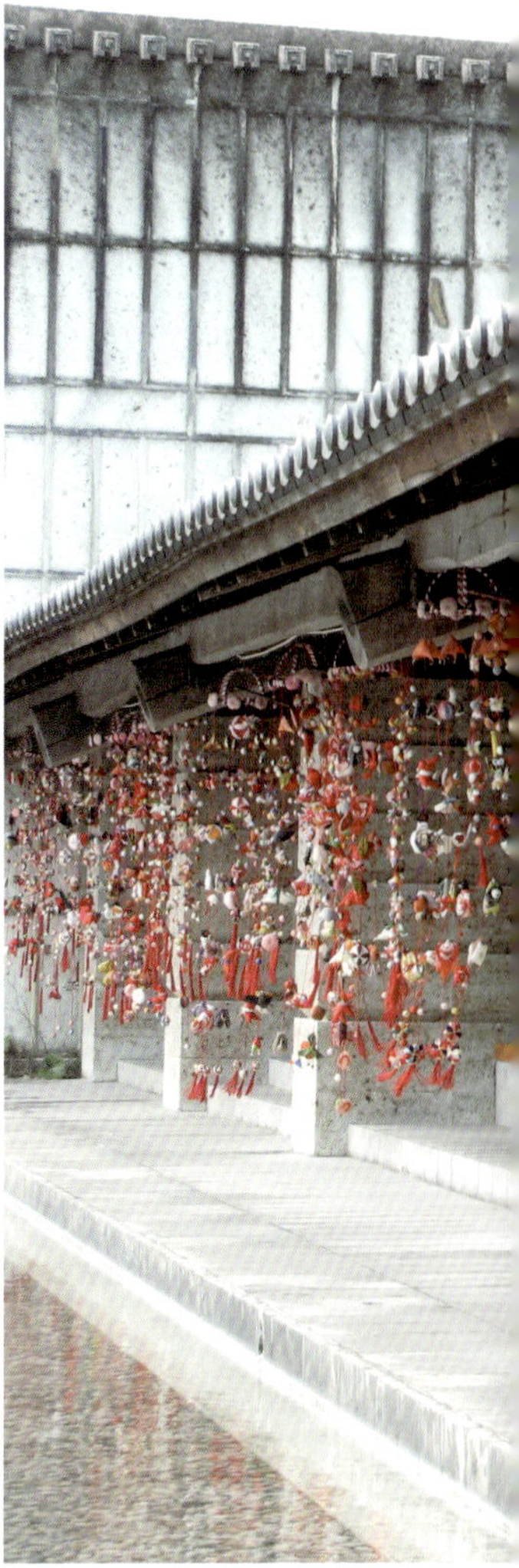

現代の「湯治文化」——スパ・トリートメント

那須の地には、約１４００年前から親しまれてきた「湯治文化」が今も色濃く残っています。那須北西部にそびえる那須連山の主峰・茶臼岳《ちゃうすだけ》は、那須火山帯が最後に形成した山といわれ、栃木県を代表する活火山として那須地方のランドマーク的存在です。茶臼岳は今なお白い噴煙を上げ、広大な山麓一帯に豊富な火山性温泉を湧出させています。ここ横沢の地に湧出する鉄分を多く含んだ泉質は、疲労回復に最適だといわれています。

この「湯治文化」を現代の生活様式と重ね合わせ、スパ・トリートメントサロンを本館の一角で開始しました。この小さなサロンの盛況が、６年後にオープンする東館「NIKI・CLUB & SPA」のコンセプトへと続きます。

当時、今後のリゾートのあり方を考えると本館だけではお客様のニーズに十分応えられないのではないか、という漠然とした不安がありました。また、既に海外でのスパを体験されたお客様のお声からも、アロマトリートメントサロ

茶臼岳

標高１９１５ｍある那須連山の主峰。数枚の溶岩流、火砕流、頂部の火砕丘、溶岩円頂丘からなる成層火山。日光国立公園に属し、日本百名山の一つに挙げられる。山麓地帯には６３０年開湯の歴史ある那須温泉郷がある。

ンを併設する必要性を感じていました。そこで１９９７年の増築時に小さな部屋を改装し、ベッド1台からフィトテラピーサロンをスタートさせました。それは現在の本館ブティックの場所です。

その頃は化粧品メーカーが運営するサロンや美容室で、お顔やデコルテまでのトリートメントサービスを行っていた店舗はありましたが、エッセンシャルオイルを使用し、癒しをコンセプトとした男女が使えるサロンはなかったように記憶しています。そんな時代ですから、ハンドトリートメントへのこだわりから、きちんとしたトレーニングを受けたセラピストを探すのにとても苦労したことを思い出します。ホテルに併設したサロンが一般的になるのは、まだまだずっと後のことです。

今日では都内のホテルを中心に、世界的なブランド力を誇るアジアンスパをはじめとする欧米の数々のブランドが進出しています。たった5、6年の間に、こうした一つのライフスタイルができあがってしまったのですから、本当に驚いています。

女性を対象にしたアンケートによると、数あるリラクゼーションの中でも常に人気のトップ3に入っているアロマトリートメント。私もニキシモオリジナルオイルをはじめとする数々のブレンデッドエッセンシャルオイルのボトルを並べ、ゆったりとバスタイムのひとときを楽しんでいます。

2003年、東館の建築設計に世界的なデザイナー集団コンラン・アンド・

泉質
二期倶楽部本館にある内湯と露天風呂は、無色透明で保温効果の高いナトリウム塩化物泉。東館スパは、カルシウム・マグネシウム硫酸塩泉で茶褐色。筋肉痛、神経痛、疲労回復に効果があるといわれている。

パートナーズを起用し、24室のパビリオン（滞在型客室）に加え、全身トリートメントサロンの施術が受けられる新たなスパブランド「nikissimo Spa」が誕生しました。「nikissimo Spa」の中にはショップや入浴スペースのほか、ドライサウナに加えてエッセンシャルオイルを使用したミストサウナも導入し、温浴効果を一層充実させました。風景のパッチワークのように配置されたパビリオン棟とパブリック棟は、2つのゾーンに分けられたことで、自然を豊かに知覚し、詩的なイメージをさらに強くしつつも、より快適性が増したレイアウトとなったように思っています。もともと起伏に富んだ難しい土地は、コンランらしいデザインで見事にランドスケープされています。二期倶楽部は、この東館を新設することで一つの完成形を迎えたといっても過言ではありません。

nikissimo

植物の持つ自然治癒力を生かしたナチュロパシー（植物療法）の考えに基づき、ホリスティックに心身をメンテナンスするリラクゼーションサロン。お客様一人ひとりにエステティシャンがコンサルテーションを行い、コンディションに合わせたコースが選べる。

キッチンガーデン

土づくりから丹精込めて作り上げた敷地内のキッチンガーデンは、創業時より守り続けてきた「安全安心の食」への取り組みを象徴する施設。ここでは年間を通じて100種類を超える無農薬野菜やハーブが育てられている。

40

Living and working in a city is an exhilarating experience, yet we all need times when we can step outside of our normal existence to find space and time to relax, for contemplation and to re-energize ourselves. Niki Club in Nasu provides the perfect environment, nestled in the midst of lush Japanese woodland. From the warmth of the entrance lobby with its welcoming fireplace, to the informal restaurant with terrace and raised views over the surrounding trees, to the relaxing and secluded hot tubs of the spa, and to the simple comfort of the individual bedroom pavilions, every detail is carefully considered in creating revitalizing experiences-whether reading a book alone beside a stream, or enjoying a discussion and sharing good food with friends. The Niki Club offers everyone an inspiring opportunity to rediscover the importance of the simple things in life. I wish I was there now!

Terence Conran

都会に住み、働くことは爽快な経験ではあるが、私たちには一歩はなれて自然に帰らなければならない時がある。瞑想と再生の時間や空間を求めて。二期倶楽部はあなたのために、那須の森林に潜む最適な環境を用意しています。エントランスロビーであなたを迎える暖かい暖炉からカジュアルなテラス付きレストランと木々を見下ろす最高の眺め、そして心地良く熱いスパに、シンプルで快適なパビリオン(客室)まで、細部の心遣いがあなたの再生活動のためにそこにあります。水のせせらぎを聞きながらの読書、友人との楽しいひととき、そのすべてのために。二期倶楽部は、あなたの生活における「シンプルな贅沢」の再発見をお手伝いします。ああ、今私もその場にいられたら！

テレンス・コンラン

テレンス・コンラン
イギリスのインテリアデザイナー。1956年にコンラン・デザイン・グループを設立し、Summaブランドの家具を製作する。73年にはザ・コンランショップの一号店をロンドンにオープンさせ、80年代に日本に進出。90年代初めには、イギリスのシャッドテムズ地区の再開発に携わった。

森林浴の効果については、以前からフィトンチッド（森林の香り）などの物質が注目されていましたが、近年は科学的・医学的にもそのさまざまな効果が実証されるようになってきたようです。四季折々の美しさを見せる那須の自然の中での森林浴、この土地から湧き出る2種の温泉浴、心地良いアロマ・トリートメント、そして自家菜園からの採れたて野菜をふんだんに取り入れた食、これが二期倶楽部から創出された新しいスパブランド「nikissimo」で提案するホリスティックな滞在スタイルです。那須の魅力と文脈を共にする2つの事業によって、長期滞在に耐えうる宿泊施設ができたと思っています。産業革命を機に化学薬品が使われ始めた1900年代、早くもその害を危惧し、オーガニックの効用を訴えたオーストリア生まれの哲学者ルドルフ・シュタイナーは、人間と自然とは調和し合うものと、医学と人間学とを統合させて考えていたのです。日本でも多くの人に愛用されている「ヴェレダ」は、そんなシュタイナーの思想に基づいて作られた製品です。スイス・ドイツを巡った際、統合医療が市民に深く密着していることに驚いたものです。創業時より、〝健康・知性・美的〟というインナービューティの思想は、これからの超高齢化社会における新しい病院経営とも親和性があると感じていました。これからは一層対処療法だけでなく、相補・代替医療としても、ハーブを用いたハーバルセラピーは今後もっと形をかえて広がっていくものと考えています。

アートとしての二期倶楽部

２００６年、20周年記念事業として計画された「共創の大地」横沢の新しいモニュメント「七石舞台［かがみ］」は、敷地内を流れる二會川《ふたあいかわ》の清流を挟んで、静かに小高く立ち上がる一角に設置されました。この横沢の地の特徴ある地形を利用し、世界的に名を馳せているイサム・ノグチと共同で造形活動をしてこられた和泉正敏氏の協力の下に、７つの巨大な庵治石《あじいし》を３年かけて少しずつ運びました。この７つの石は鏡面仕上げのステンレスでつなげられ、これまで世界のどこにも存在しなかった、大変ユニークな舞台に仕上がりました。庵治石を構成する鉱物は一つひとつの結晶が極めて小さく、その結合が緻密なため、他の地域の花崗岩と比較して非常に硬いのが特徴です。水晶と同じ硬度で水を含みにくく、細かい細工が可能で、風化や変質にも強く、２００年の時を経ても彫られた文字が崩れず、変色もなく、ツヤも失わないそうです。世界に類のない質の良さと希少価値から、石材価格としても世界一と評価されて

イサム・ノグチ
１９０４年、アメリカ・ロサンゼルス生まれ。日系アメリカ人として、彫刻家、画家、インテリアデザイナー、造園家・作庭家、舞台芸術家と多岐にわたる創作活動を展開。１９８７年にはアメリカ国民芸術勲章を受勲。１９８８年には日本で勲三等瑞宝章を受勲する。

和泉正敏
石のアトリエ主宰。１９６４年にイサム・ノグチ（１９０４～１９８８年）と出会い、25年間、ノグチの片腕となり、没後も未完の遺作を完成させる。その他、新国立劇場をはじめ、京都迎賓館の大滝、台湾国立故宮博

いるそうです。この「七石舞台［かがみ］」には屋根はありません。壁も柱もありません。ここでは常に天空が見えています。毎月満月の日に合わせて開催している「観月会」は、舞台「かがみ」に映る月を参加された皆様と鑑賞します。そしてこの舞台は、昼は巨大スクリーンのように流れゆく美しい那須の空を映し出しています。

設計施工の細部は日本を代表する建築家の一人、内藤廣さんが担って下さいました。照明デザインは、ファッションショーをはじめとする日本の商業空間を演出してこられた藤本晴美さん。音響は金森祥之さん。そして全体の監修を松岡正剛さんに担当いただきました。多くのクリエイターに参加いただくことでできあがった七石舞台によって、この土地は〝格別の庭〟として甦ったのです。

同年、この野外劇場の延長に、ゲストハウス「観季館」が誕生しました。

観季館は、最大150名がご利用いただける小さなゲストハウスです。ホール内には祭壇をはじめ宴席スペース、個室、月見台が設けられ、階段や回廊そ

物院の屋外彫刻「無為／無不為」などを制作する。

内藤廣
建築家・東京大学名誉教授。主な作品に「牧野富太郎記念館」、「島根県芸術文化センター」、「虎屋京都店」などがある。また、東京・千鳥ヶ淵の「ギャラリー冊」の内装も手がけた。

藤本晴美
照明デザイナー＆プロデューサー、演出家。パリ美術学校、イタリア映画学校を経て1969年MGS照明設計事務所創立。日本初のディスコ「MUGEN」の照明デザイン、演出、プロデュースを行う。大阪万博

れぞれが空間を構成する重要な要素になっています。人々が時を選んで結ばれていく〝館〟として、このゲストハウスは結婚披露宴の会場や地域の方々の迎賓館または文化会館として、多目的にご利用いただいています。また、二期倶楽部創業以来、開催してきたさまざまな文化イベントの会場としても活用しています。２００８年よりスタートしたサマーオープンカレッジ「山のシューレ」の期間中は、地域に暮らしている方々や別荘に滞在している方々も、この場所にお越しになり、大変な賑わいです。

「『企』という漢字は、人が、いったん止まり、新たに爪先立って未来を遠望することを表している。日本語の『企てる』もそういう意味をもつ。『観季館』がそうしたさまざまな『くわだて』をもっていくことを期待したい」　松岡正剛

果たして、企画者のこの期待に沿えているだろうか……催事があるごとに思い出し振り返るメッセージです。

の「政府三号館」「ワコールリッカー館」が国内外で高い評価を得る。

松岡正剛
オブジェマガジン「遊」編集長、東京大学客員教授、帝塚山学院大学教授などを経て、現在、編集工学研究所所長、イシス編集学校校長。情報文化と日本文化を融合する研究・著作・プロデュースを多数展開している。

山のシューレ

栃木県那須高原山麓・横沢地区で毎年、開催される山の学校。シューレとはドイツ語で、「学校」を意味し、森や山の中で、自然に耳を傾けながら、哲学、経済学、生物学、文学、デザイン、建築学、音楽、日本学など専攻問わず、さまざまな物事について学び、語り合うNPO法人アート・ビオトープ主催の文化イベント。

続いてガラス工房と陶芸工房を併設した体験学習型長期滞在レジデンス「アート・ビオトープ」の登場です。アート・ビオトープ那須は市民のための市民休暇村をイメージコンセプトとしたB＆B（朝食付きの宿泊施設）レジデンスです。このコンセプトは、以前イギリスの小さな田舎町に長く滞在した時に利用したB＆Bをヒントにして生まれました。

――アート・ビオトープ那須は、四季の森と時々の感性の交わる、小さな庭。思索と観照、それらの実りである、散策や、静かな瞑想も、また楽し。温かいお茶と会話、読書の時、そして、大地の恵みを食する。未知なる、この体験的総合芸術は、土と窯、溶けるガラスに向き合うことで完成される――

これはパンフレットに載せた趣旨文です。この文章は、２０１５年春オープンの大分県立美術館に館長として就任される武蔵野美術大学教授の新見隆先生が寄せて下さいました。「アート・ビオトープ」という名前は、横沢の森を２人で散策している時に誕生したもので、この森からのギフトだと思っています。

「エデュ・バケーション」は教育（education）と休暇（vacation）を重ねた造語です。二期倶楽部がある場所は、沢の美しい小さな谷あいの横沢という地で、メインの別荘地区に至る途中にただ通りすがっただけの場所でした。そこから30年近くの歳月をかけ、「にき倶楽部１９８６」（本館）、「NIKI・CLUB & SPA」（東館）、長期滞在向け宿泊施設「アート・ビオトープ那須」、文化施設として野外劇場「七石舞台［かがみ］」、そして多目的スペース「観季館」をつくりました。これらはほぼ５００ｍ圏内に開発された複合リゾート施設です。日本を代表するクリエイターたちとの協働によってつくられた各施設は、それぞれ個性的な表情を持ちながらも絶妙な調和を保ち、お客様に四半世紀以上にわたって愛されてきました。私たちの活動ビジョンを「小さくてもキラリと光るブランドを創る」としているのは、ヒューマンサイズでありながらもその環境を活かした建築と共に、そこに集う人々とをつなぐことができたらと願っているからです。

良いリゾート地には、良いホテルやレストランがあり、文化や芸術を楽しめる劇場やギャラリー、美術館などが揃っています。生活の一部だった陶芸や染織りがアートとなったように、全ての産業はアート化していくともいわれています。アートの世界は無限の可能性を秘めています。芸術作品が無用でありながら、連綿と引き継がれているその価値は、他を以て替え難い一品性にあるのではと思うのです。二期倶楽部は私たちのアートです。これからはリゾートホテルに〝訪れ〟ゆったりと過ごしていただくと同時に、〝住んで〟もよしと、「定住」をテーマとした構想を膨らませています。

この那須高原山麓横沢での私の手縫い仕事も、唯一無二の、理想のアートコロニーを目指し、ゆっくりと時を重ねながら広がっていきます。

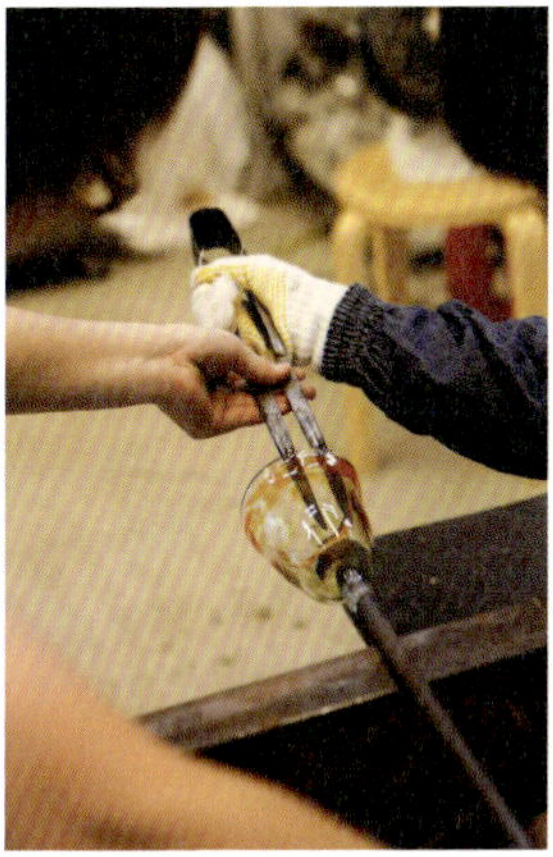

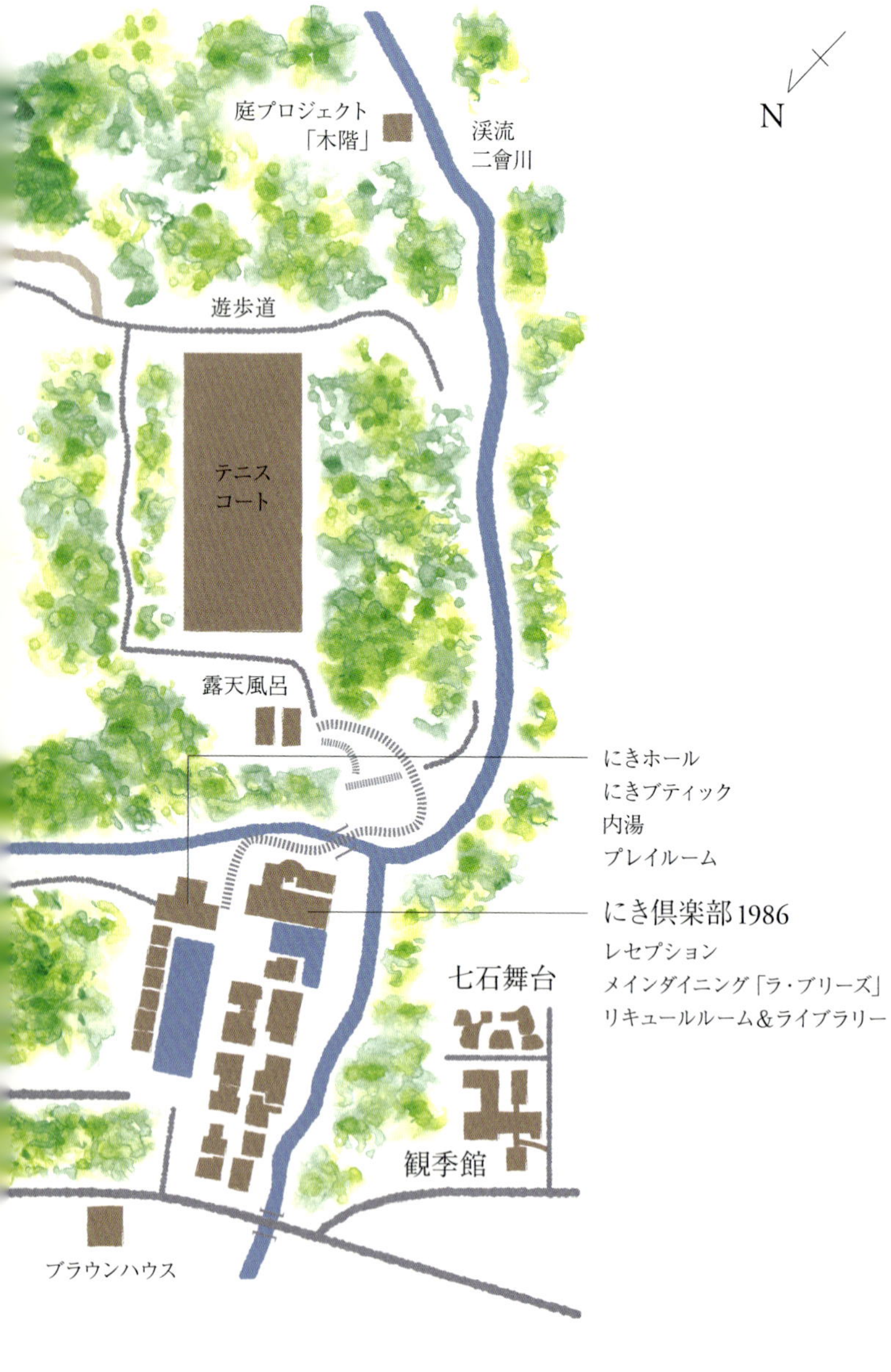

N
庭プロジェクト
「木階」
渓流
二會川
遊歩道
テニス
コート
露天風呂
にきホール
にきブティック
内湯
プレイルーム
にき倶楽部1986
レセプション
メインダイニング「ラ・ブリーズ」
リキュールルーム&ライブラリー
七石舞台
観季館
ブラウンハウス

横沢「共創の庭」

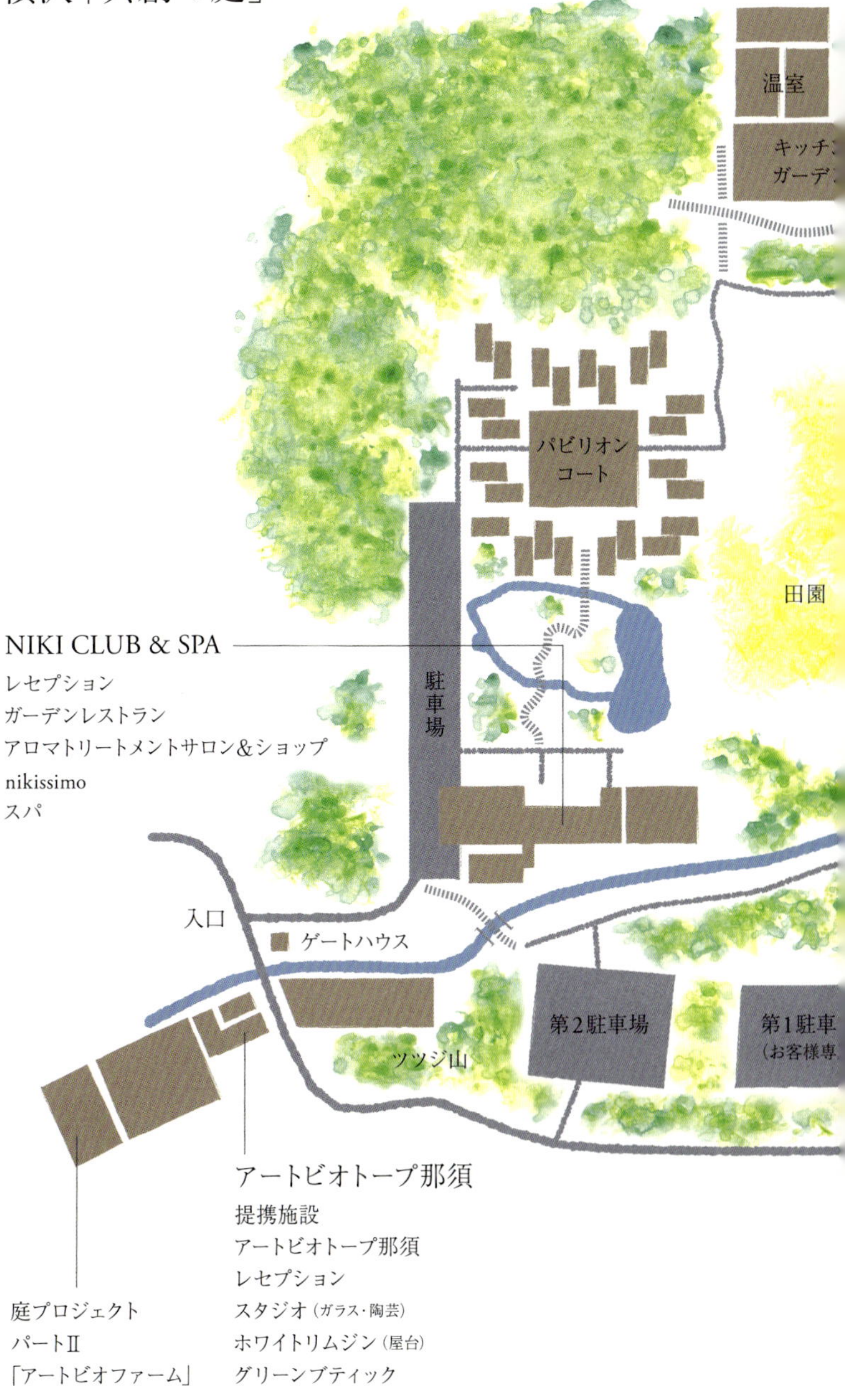
温室
キッチ
ガーデ
パビリオンコート
田園
駐車場
NIKI CLUB & SPA
レセプション
ガーデンレストラン
アロマトリートメントサロン&ショップ
nikissimo
スパ
入口
ゲートハウス
第2駐車場
第1駐車
（お客様専
ツツジ山
アートビオトープ那須
提携施設
アートビオトープ那須
レセプション
スタジオ（ガラス・陶芸）
ホワイトリムジン（屋台）
グリーンブティック
庭プロジェクト
パートII
「アートビオファーム」

2.

文化生産の拠点の必要性

人を育んだ自然の恵み

里山を背景に田園風景が広がり、ポツンと茅葺《かやぶき》の家屋が点在する景色。この日本の原風景ともいえる懐かしい情景こそ、日本人が持つ美意識の原型です。人々は土に触れ、木々を愛でてきた自然との営みの中で、漆器や陶器などの民具を造り出し、日々の暮らしを豊かにしてきました。機能性と耐久性を兼ね備えた優れた工芸品は、自然からの恵みを収斂《しゅうれん》させてつくりあげられた文化と、文明の力とを具現化したものです。つまり、人は自然の一部として、文化と文明を両輪としながら、その暮らしを育み、洗練させてきたのです。

しかし、文化と文明が対となっていた時代から、文明のみが科学というかたちで一人歩きしていった結果、私たちはあまりにも多くのコンクリート壁やプラスチックなどの新素材に囲まれた〝豊かさ〟を手に入れることになってしまったのです。コンクリートの建築の中に長くいるのと、豊かな自然の中で過ごすのとでは、全く異なった感覚があります。行き過ぎた文明によって私たち都会人は生活から自然の姿を感じることができなくなり、息苦しく、ストレスを感

二期の森の植生たち

フキノトウ（キク科）

暖かくなってきた頃に敷地内のあちこちでフキノトウが芽を出し始めます。二期の森に春の訪れを告げる植物の一つです。つぼみの状態で採取し、天ぷらや煮物・味噌汁・ふきのとう味噌に調理して食べることができます。

じるようになっています。それは文化、文明の発展に欠かせなかったはずの自然を蔑ろにし、自然を管理制圧した、まさしく人間の驕りの結果であるといえるでしょう。

芸術家コロニーの思想と共に

20世紀から21世紀となり、世界の質は大きく変化しつつあります。西洋をモデルとした産業中心の資本主義は、「経済的な利益を追求することで、全てがうまくいく」というモットーの下、20世紀の日本を牽引してきました。しかし、こうした市場原理主義的な考え方は、既に行きつくところまで到達してしまったように思います。リーマンショックに端を発した100年に1度の恐慌に続いて、1000年に1度とも呼ばれた日本列島を襲った天災。これらの苦難を経ながら、日本人は近代化の過程で失った多くのものについて少しずつ考え始めるようになりました。

カタクリ（ユリ科）

二期倶楽部の至るところでカタクリの花が咲き誇っています。春先のほんのわずかな間だけですが、カタクリのお花畑が楽しめます。カタクリのように春先に花を咲かせ、その後、地上から姿を消す植物たちは「スプリング・エフェメラル（春の妖精）」と呼ばれています。

こうした近代のあり方を見直そうとする試みは、実はいつの時代にもありました。19世紀末から20世紀初頭にかけて、自然の中での思索的で創造的な共同生活を求めてヨーロッパの各地に作られた芸術家コロニーや、アメリカのシェーカー教徒たちのコミュニティはその一例です。ウィーン分離派のヨーゼフ・オルブリッヒらによるユーゲントシュティールの建築が数多く建てられたドイツ・ダルムシュタットの芸術家村、詩人リルケも移住したドイツ北部の寒村ヴォルプスヴェーデ、ヘルマン・ヘッセやカール・ユング、ゲルハルト・ハウプトマンやシュテファン・ゲオルゲ、パウル・クレー、ルドルフ・シュタイナーといった錚々《そうそう》たる文筆家や思想家、芸術家たちが集った南スイス・アスコナのモンテ・ヴェリタ。また、18世紀後半から19世紀後半にかけて、アメリカで生まれたシェーカー教徒たちの、質素で敬虔《けいけん》なコミュニティ。これらは全て、都市化と産業化の抑圧から逃れ、自然の中に芸術と自然と肉体とを開放することで、それらを再編成しようとした試みであったといえます。こうした動きと連動するかのように、日本では武者小路実篤が提唱した宮崎県児湯郡の「新しき村」（1918年）や、宮沢賢治が花巻の地で、新しい農村の姿を目指し、

スギ（スギ科）
日本の国土の約66％は森林。その約40％は、スギやヒノキなど人の手によって植えられた人工林。スギはまっすぐに伸びることから「直木（すき）」とも呼ばれていました。春先、細い葉っぱの先のほうに集まる茶色い部分が雄花。受粉して子孫を残すため花粉を撒き散らします。

たった一人で創設した「羅須地人協会」（１９２６年）などの運動が起こっています。このような先駆的な文化運動のコミュニティでは、芸術的生活の実践が第一とされていました。こうした芸術的共同体から、新しい自分たちを語る言葉が生まれ、またそれぞれが持つ文化をつないで、また今につながる新たな伝統がつくられてきたのです。

この芸術家コロニーの思想は20世紀になってからも続きました。１９３３年にアメリカのノースカロライナ州に設立されたブラック・マウンテン・カレッジには、第一次世界大戦後の大恐慌や、政治的不安からの亡命者や知識人たちが集まり、ジョン・ケージやバックミンスター・フラー、ロバート・ラウシェンバーグなど、世界中の才能が自由に交流し、その暗く、閉塞した時代を、芸術を通じて切り開いていこうと、日々新たな創作活動に没頭していました。

この背景には、フランクリン・ルーズベルトによる大恐慌の対応策として実施されたニューディール政策の存在があります。政府が積極的に財政支出を行うことで景気回復を狙うという、ケインズの経済理論を初めて実践的政策として取り入れたこの政策は、ＴＶＡ（テネシー川流域開発公社）などの大規模な公共

ニリンソウ（キンポウゲ科）

一つの茎から二つの花を咲かせるため、この名がつきました。おひたし、煮物、汁の実、ごま和え、酢味噌和え、天ぷらなど山菜としても食べられますが、春先の頃、葉が猛毒を持つトリカブトと似ています。確実な見分け方は花の色。ニリンソウは春に白い花を咲かせます。

事業によって知られています。しかしその一方で、経済と並行して芸術に多大な支援を行っていたことは、それほど知られていないようです。その規模は実に巨大なもので、大恐慌の打撃を受けた数万人にも及ぶ芸術家たちが、この雇用政策の恩恵を受けたといわれています。この事業は第二次世界大戦の開始と共に中止されることになりましたが、そこには芸術家の生活を保護し、景気を回復するという経済的側面に加え、それによって産み出される芸術を通じて同時に文化全体の向上を図るという大きな目的がありました。この結果、アメリカには第一次世界大戦によって疲弊したヨーロッパから多彩な才能が次々に流れ込み、自由で実験的な作品が数多く制作され、アメリカを中心とする戦後のアートシーンの礎を築くこととなったのです。こうした政策を通じて、多くの新しい産業が作られ、今日に至るアートやスタイルが生まれてきました。

こうした芸術活動の根底には、「一体人間とは何か?」という根源的な問いがあります。それはまた、現代に生きる私たちにとっては、果たして経済活動だけをもって人間は幸せになれるのか、という問いでもあります。物質的に豊かな都会を離れ、あえて何もない地を目指し、そこでの質素な生活の中で、新

タチツボスミレ
（スミレ科）

春の陽気に誘われ二會川のほとりを歩いていると、石の影でひっそりと咲くスミレの花を見つけました。スミレは種類が多くそれだけで一冊の本になってしまうほど。木々が芽吹き出す少し前、足元でフモトスミレやアズマイチゲ、フキノトウが賑わいを見せてくれます。

しい芸術と文化の創造を夢見て集った芸術家たち。アカデミズムの中での経済的な成功を捨て、自身の創作活動の根源を自然の中から見つめ直そうとした彼らのまなざしに、私たちは多く学ぶところがあるように感じています。

　こうした先駆者たちの試みを胸に、私たちは創業以来、「文化なきところに経済の繁栄はない」と信じて、文化を求心力とする組織を作り、マネジメントを行ってきました。

サービス経済からホスピタリティ経済に

「経済は、サービス経済からホスピタリティ経済にシフトしなければならない時代になってきたのでは……ホスピタリティが近代を超える知のキーワードになる」――この示唆に富んだメッセージは、株式会社資生堂名誉会長・福原義春氏によるものです。複雑な産業構造の中から、新しい価値目標をもった経営志向がそろそろ登場しても良いのではないかと思います。

タラの芽（ウコギ科）
落葉低木のタラノキの新芽。天ぷらにするのが一般的で、おひたしや和え物にもできます。二期倶楽部では毎年5月中旬頃に若芽が膨らみはじめ、天ぷらにちょうど良いサイズとなります。

そもそも「サービス」と「ホスピタリティ」とはその原理が異なります。サービスとは、最低軸を基点において、より良いものを誰にでも均等に供給することを目的としています。一方、「ホスピタリティ」は、個別に対応します。この人だけのために、今、この時、最高のものを供する。そのように〝限定〟されたもので、「おもてなし」に通じる意味合いを持っています。

サービスとホスピタリティとはその原理が異なるため、ホスピタリティ産業に携わる者は、求められる技術も異なります。労働を資本とする「サービス経済」に対して、「ホスピタリティ経済」は、長い歴史や文化によって裏打ちされた〝自己技術〟が資本となります。この技術の獲得には、ホスピタリティ産業に携わる者が、自身が時空を超えた文化の担い手であることを自覚することが重要です。「ホテルは文化のショーケース」――ホテル業界で働く先輩方のメッセージは、ホテルという仕事が果たす文化価値の大切さを伝えています。これまでの産業中心の資本主義は、大量にモノを作り、それを流通させることで利益を生み出してきましたが、今ではもはや需要と供給のバランスはくずれ、モノが売れない時代となっています。私たちはもうこれ以上、車も電気機器も必要としてい

リンドウ（リンドウ科）
テニスコート脇の道沿いには、リンドウの花が咲いています。リンドウは那須町の花に指定されます。根は生薬となり、竜胆と呼ばれ、胃腸の働きを良くします。名前の由来は熊の胆嚢（たんのう）を乾燥させた熊胆（ゆうたん）よりも苦いことから竜の胆となりました。

ないのです。観光も、従来のような単に温泉に入って美味しい食事をいただくとか、ラグジュアリーな感覚を求めて優雅な非日常を体験するといった単純な旅では既になくなっています。

例えばその中の食事一つをとっても、そこには食材や産地、その生産状況への関心、地球環境への共感、人間同士のやわらかなコミュニケーションといった、驚くほど多面的な文化創造の契機への興味を込めた、深い関心が寄せられるようになっています。したがって一層、私たち宿泊業に携わる者は、ホスピタリティの持つ真の文化的価値に目を向け、それを実践していくことが大切であると感じています。〝おもてなし〟、〝ふるまい〟、〝しつらい〟、――ホテルは人間学を学ぶ学校として、もう一つの社会的機能を担っているのです。

モミジガサ（キク科）

森の露天風呂の隣の木道を上がりきると、モミジガサの花が咲いています。目立つ花ではありませんが、控えめなところは日本人好みではないでしょうか。モミジの葉にそっくりな切れ込みのある葉は春先に山菜としててんぷらなどにして食べるとおいしいです。

「おもてなし」のこころ

2013年9月、国際オリンピック委員会の総会で五輪誘致に効果をあげた「おもてなし」という言葉は、すっかり世界共通語として広く知られるようになりました。日本人にとってこのおもてなし文化は、日常の行動規範として、長い歴史と文化によって育まれてきた倫理観でもあり、「情緒」でもあります。「情緒の中心の調和が損なわれると、人の心は腐敗する。社会も文化もあっという間に悪になる」と、数学者・岡潔は『春宵十話』の中で諭しています。その情緒が日本人の一般庶民の生活にまで浸透しているからこそ、世界中の人々は日本人の知性に敬服するのでしょう。

室町時代以降、特に茶の湯の世界における立ち居振る舞いや食事の作法、そして空間室礼などを通じて、おもてなしはひとつの総合的な「型」として、武家の生き方と共に洗練されてきました。しかし、それをただ単なる「型」とみて、その実践だけを目的と考えてしまうと、大きな誤りを犯してしまうように思います。

ミツバツツジ（ツツジ科）
東館パビリオンの中心にあるミツバツツジ。5月になると、シロヤシオやヤマツツジなど他のツツジの仲間もたくさん咲き始めます。

オイゲン・ヘリゲルの『日本の弓術』には、「弓術は、弓と矢をもって外的に何事かを行なおうとするのではなく、自分自身を相手にして内的に何事かを果たそうとする意味をもっている。それゆえ、弓と矢は、かならずしも弓と矢を必要としないある事の、いわば仮託に過ぎない。目的に至る道であって、目的そのものではない」という一文があります。芸事や武術、茶の湯の型とは、それ自体を行うことが最終的な目的なのではなく、それを通じて自己のあり方を見つめ直そうとする「方法」です。こうした日本の「おもてなし」とその心からは、ただその目的を達成すれば良い、というのではなく、その先にある本来の目的や、そこに至るプロセスの大切さを教えられたように思います。

数年前、東京画廊の山本豊津さんと花人の岡田悠照（幸三）先生の合同花展を開催したことがあります。岡田先生には、「七石舞台［かがみ］」の着工にも立ち会っていただき、完成の暁には舞台上で立花を立てていただく予定でしたが、残念なことにその完成を待たず逝去されました。その稽古では「はい」と「ありがとうございました」の二言以外は口にしてはいけない、と教えられたそうです。それは現代の感覚からは何か非常に旧時代的な教育方法のように

ドウダンツツジ（ツツジ科）
春、パビリオンコート周辺にあるドウダンツツジが白い花を咲かせ始めます。名称は、枝分かれしている様子が結び灯台に似ており、音が転じて名前がつきました。「満天星」とも呼ばれ、天上老君がこぼした霊水がこの木に散って満天の星の如く輝いたという中国の故事に由来しています。

も思えますが、そこには私たちが忘れてしまっている教育の本質を考えるヒントがあるように感じました。それは、今の自分にとってはまだわからないことがあったとしても、自分なりの安易な答えを出すのではなく、わからないということに耐え、その中でひたすら考え抜いていくことの大切さを示しているように思えます。そのプロセスこそが、かつての芸道といわれるものの本質であったのではないでしょうか。

　明時代末期に中国・景徳鎮で作られた「古染付《こそめつけ》」という陶器の中に、ひょうきんな羅漢が何かを指さしている図が描かれたものがあります。この図には、一般の人々は何かを指さしている羅漢とその指先だけを見ようとするが、実は羅漢が指し示しているその先には遠く輝く月があるのだ、という意味が込められているそうです。ホスピタリティというものの本質には、単なるサービスを超えて、このように自己を問い続ける深い学びの源泉があるように感じています。

ナツツバキ（ツバキ科）

初夏、本館のカフェ付近や森の中でナツツバキの白い花が咲き乱れます。真っ赤な花を咲かせるツバキは常緑ですが、本種は秋になると葉を落とす落葉樹です。肌がつるつるしているので、サルスベリと呼ぶ地方もあります。

「文明の焼け残りから作り出される小さな琴」

「20世紀最高の知性」といわれたフランスの思想家、レヴィ＝ストロースは生前日本に5回訪れ、日本びいきとしてもよく知られています。１９８５年、その4回目の来日時の講演では、西洋型の文明モデルはもはや崩壊してしまっている、と西洋文明の持つ排他性や独善性を指摘し、他の文明や文化的な価値をより尊重すべきである、と説いています。彼はまた、日本が海外から多くのものを取り入れながら、それらをふるいにかけ、最良の部分を漉《こ》し、消化することで、独特の文化を生み出してきたことについて、その方法が21世紀の人類が進むべき指標になりうる、とも述べています。世界中の知を凝縮し、それらを調和させ、結び合わせてきた日本の方法に注目し、これからは西洋の国々が日本から沢山のことを学ぶべきだ、と述べたレヴィ＝ストロースの言葉は、私たちを強く勇気づけてくれます。

２０１１年の山のシューレに講師としてお越しいただいた、韓国の初代文化大臣を務められた李御寧《イオリョン》先生は、ベストセラーとなった『「縮み」志向の日本人』

チチタケ（ベニタケ科）
梅雨が明けて、那須の大地に夏が訪れてくる頃、二期の森にはチチタケと呼ばれるきのこが発生してきます。名の通り、傷つけると乳液のような白い汁が出ます。那須周辺ではチチタケと呼ばれ非常に珍重されていて、マツタケと並ぶ知名度を誇ります。

の著者としても良く知られています。先生はその『「縮み」志向の日本人』の中で、日本の文化人も、科学者も、政治家も、多くの日本人は皆商人になったような気がする、と「日出ずる国」が「円出ずる国」となってしまったことを嘆き、美しい石庭を作り、清く静かな茶室文化を生んだ日本人は、次の21世紀に世界に向かって生命の響きをもつ琴を鳴らせ、と書かれています。新時代が必要とする協調する心、寛容さを、「おもてなし」を通じて見出せないだろうか……大きなことが良かった時代から、大きなものの持つ要素を削ぎ落とし、縮んでいくことを通じて、逆により大きな世界が広がり、人を感動させる力を持つものを生み出すことができないだろうか……。こうした賢人たちが示した「日本のこれからの役割」について考えてみると、私たちの小さな仕事も、人の心に深く響く「文明の焼け残りから作り出される小さな琴」を目指していきたいと、改めて強く思うのです。

　職場とは、人間成長の場でもあるのです。仕事は自らの労働を通じて人間とは何かを考え、社会への貢献へと至る道でもあります。最近では文化などを含む広義の社会インフラと環境を、「社会的共通資本」と捉える考え方が再び注

コバギボウシ（ユリ科）
夏の二期の森を彩る花の一つ。薄紫色の花が咲き、1日で終わってしまいます。葉は山菜の「うるい」にそっくりですが、「うるい」は近縁種のオオバギボウシの若い葉のことをいいます。最近では、観賞用としてガーデニングにも使われています。

目されています。つまり、会社は経済的成功を追求するばかりではなく、文化機関として、どう活動を重ね、その社会的役割を果たしていくべきなのか、ということが同時に問われるようになっているのです。この意味において、私たちの実践とは、物と物との交換経済に代わる、知や美を資本の流れに変換するビジネスイノベーションといえます。

横沢アートコロニー構想

このような思いを具現化したものが、コンパクトビレッジ横沢で、二期倶楽部を中心に各施設が連携し、訪問客と地元住民とをつなぐ文化祭りであるオープンカレッジ「山のシューレ」です。2008年にスタートしていますから、2014年でもう七回目となりました。この「山のシューレ」は、アーティスト・イン・レジデンスや二期倶楽部の庭を開放して行う野遊茶会、毎月満月の日に実施している観月会など私たちが継続して行ってきた文化活動の一つの集大成と

ツリガネニンジン
（キキョウ科）

花が釣鐘型で根っこが朝鮮人参に似ていることからついた名前。安易なネーミングですが、可憐に咲く花からはなんとなく鈴の音が聞こえてきそうです。春の若芽は「トトキ」と呼ばれる山菜で、たいへん美味。喉の痛みなどに効く薬効を持ち、生薬名は沙参（しゃじん）といいます。

もいえるものです。こうした私たちの学びを共有する場である山のシューレは、2008年から毎年、次のようなテーマを掲げ、その思索を深めてきました。

山のシューレ2008
五感の交わる、那須の夏、クリエイティヴのゼロ地点を求める三日間

山のシューレ2009
文化と学びと振舞いの、新たなコミューンを求めて
―那須を日本の新たな文化の聖地、日本のバイロイトにしよう―

山のシューレ2010
自然の叡智
―21世紀の文化と技を考える―

山のシューレ2011
文化の多様性、共生の複合性について
―東と西、中心と周縁、伝統と現代、身体と自然、個と社会を結ぶ―

山のシューレ2012
「未来の器」としての日本
―日本から学ぶ―

山のシューレ2013
生命という果実のもとに「我々はどこからきて、どこへ向かうのか」

スカンポ（タデ科）

正式名称はイタドリといいます。那須の暑さがピークを迎える8月中旬。7月までは徐々に緑濃くなる森の中も、この頃から疲れて枯れてしまった茶色い葉が目立つようになります。そんな暑さの中でも花咲く植物はたくさんあります。雑草と呼ぶには、少し大きな身体を持ちます。

そして2014年の山のシューレは、「聖なる場所の力『場所や土地を新たな視点から問い直す』」をテーマに、場が持つ力とその可能性について考えました。そしてこれを契機に、私たちは一層〝共創の大地〟への意識を強めました。

このわずか3日間の会期に、毎年1000名を超える方々が国内外からお越し下さいます。年々来場者のリピート率が高まっていることをみても、消費者は文化芸術の刺激によって改めて五感を解放することに今後の活路を見出そうとしているように思えます。

「おはよう」「こんにちは」「今日も雨ですね」……「山のシューレ」の会場では、こうした挨拶が至るところで交わされます。3日間の山のシューレの〝場〟は、これまで大切に育んできた文化芸術の力から生まれた、私たちの手でつくられた〝聖地〟だと、しみじみと感じています。

その聖地に〝庭プロジェクト〟として、二會川のほとりにツリーハウス「木階《もっかい》」をつくりました。建築を手がけたのはツリーハウス界の第一人者、小林崇氏。茶室の「小ささの中にある美学」を自然の中に表現した「木階」は、崖の対岸で根を露にして立つクルミの巨木が土台になっています。その名付け親は、「二會川」

アカマツ（マツ科）

二期の森にあるアカマツの木の下に真新しい松ボックリが落ちていました。種には薄くて軽い羽があり、遠くまで飛んでいきます。リスは松ボックリの鱗片という部分をむいて食べ、野鳥たちはくちばしを差し込み、種を食べます。

の名付け親でもある高橋睦郎先生。この名前は木の上の部屋まで階段が18段あることと、十と八を重ね合わせた文字が「木」になることに由来しています。

庭プロジェクト「ツリーハウス」に続く、次なる庭プロジェクトとして、今、「農」に注目しています。〝アグリカルチャー〟の言葉の通り、農業には本来、自然学や歴史学、芸術、医学などあらゆる知恵を集約させる意味が含まれています。そもそもここ横沢地区の標高は約550mあり、標高200mの里山とは違った中山間地帯という特色を持っています。この急峻な土地を開墾するために、里山とは違った知恵が求められます。その知恵とは、水の流れをコントロールする治水です。こうした人間のさまざまな叡智について、学習できる場をこの地に作り上げていければと思っています。自然と人と、そして人と人とを結びつける場となるこの庭のデザインには、建築家石上純也氏を起用し、自然の中における学習型の「スクールヤード」を目指しています。

この庭を中心として、自然の精妙で捉えがたい世界と向きあい、自然と共生していくスキルを学ぶ「共育の場」として、横沢アートコロニーが一層育っていくことを願っています。

3.

価値を共有する運動体

宿泊業を始めたきっかけ

異業種から参入することがまだ珍しかったせいか、家業でもないのになぜ旅館業を始めたのですか、とよく質問されます。

実はとりたてて深い意図があったというのではなく、建築やデザイン、文芸全般を好んでいた私が、家政を営む中で身につけたマネジメントを活かせる仕事を、と単純に思ったのです。お手伝いさん一人と大世帯を切り盛りしていた母親の背中を見て育ったことも、少なからず影響しているのかもしれません。

１９８０年、北山雅史（当時、夫）と学習塾を興して10年が過ぎていました。何かにつけて戦略が異なるパートナーと言い争うよりも、自らの得意分野で仕事をしたいとずっと思っていたことが、二期倶楽部を始めるに至った最大の理由でした。元夫は学生時代から営んでいた私塾を、ブランドを変えながら試行錯誤を重ね、１９８０年に「栄光ゼミナール」を設立しました。埼玉県内中心に６教室を開設し、その後短期間に急成長、１９９３年には社名を株式会

アメリカウラベニイロガワリ（イグチ科）
夏から秋にかけてブナ科の広葉樹林内に発生します。イグチの仲間は表面を傷つけたり、裂いたりして空気に触れると、黄色から青色に変色する性質があります。変色してしまうと色合いから毒キノコと誤解されるかもしれませんが、食用キノコです。

社栄光に変更し、1996年には東証第二部上場を果たしています。その躍進の背景には、戦後の社会経済発展の原動力となった、教育への強い期待がありました。一方で急速に都市化する社会は、地域社会の崩壊や家庭の教育力の低下という大きな矛盾を生み出し、公教育の歪みとも重なり、新しい教育サービスビジネスへのニーズは高く、教育産業は多様化し、どこも賑わっていたのです。こうした日本経済全体の右肩上がりの勢いはバブル期まで続きます。栄光はゼミナール事業を中心に、栄光国際学院、VAW栄光ハイスクールなどのスクール事業と、教師を派遣する人材開発をはじめとする学校経営に関するコンサルティングの教育ソリューション事業の2つを柱に、学校関係者からは〝あだ花〟と言われながらも、こうした時代のうねりの中で、400億円近くを売り上げる会社へと躍進します。当時私は、栄光役員と二期倶楽部の経営という二足の草鞋で、小さな私塾時代から25年、夫と共に歩んできたものの、同質の男性中心の組織マネジメントで、同一モデルの教室を全国に300校近く展開するというスキームに、既にある種の限界を感じていました。〝日本の未来を担う子どもたちの教育——そのための価値を創造する集団〟という使

オオモミジ（カエデ科）
高層木のコナラの木々は少し早く紅葉を始めますが、低中層木のオオモミジの木々は少し遅れて紅葉が始まります。本館や東館、森の中と鮮やかな赤や黄色で彩られると、まるで燃えているようです。この紅葉が美しく照り輝くことを「照葉（てりは）」と表現します。

命は忘れ去られ、巨大産業化していく会社は、私にはまるで化け物のように思えたものです。特に役員会では、組織の同質経営というものの恐ろしさを垣間見、それはまるで旧世紀の帝国主義的な官僚システムそのもののように感じられたのでした。こうした男性中心のマネジメントとは、あたかも片翼だけで操作している不安定な飛行機のようなものだったのではないでしょうか。

いつの時代も、若者の志は新しきものに心躍るものです。１９７０年代には、松下村塾や緒方洪庵の適塾の志に触れ、私塾を起こした先輩たちが周囲にたくさんいらっしゃいました。広瀬淡窓の咸宜園では、なんと既に女性を入塾させていたと言いますから、その斬新性に驚きます。江戸時代のことであってみれば、それは言い尽くせないほどの新しい試みです。貧困の連鎖をなくしたいという思いから、現在は政治に専念していらっしゃる下村博文現文部科学大臣もその一人です。こうした周囲の影響を受けながら、日本の未来を担う子どもたちの教育が栄光の使命と、志を高くうたい、教育への熱い思いを抱えて塾の仕事も私なりに一生懸命してきました。週末は私の運転する車に夫の自転

ハタケシメジ（キシメジ科）
畑や道端、庭先など身近なところに生えてくるシメジ。二期の敷地内では森の中ではなく、お部屋の前にびっしりと広がっています。シメジは漢字で「占地」や「湿地」と書き、湿った場所に一面に生えてきます。木材腐朽菌に分類されるため、枯れ木や木材などを分解してくれます。

車を載せ、開校予定のエリアを調査。足で調べるマーケティングです。川越、所沢、春日部、千間台……埼玉県のマップを広げ、ただただ走りました。
「プロヴィーダ（PROVIDA）」という言葉があります。PROVIDAとは、ラテン語の「Producir（創る）」と、スペイン語の「Vida（人生）」とを合体させたものです。この言葉は私が経営企画室、ＣＩ委員長時代に某デザイナーと協働して開発しました。

　人生を創り、開放する。定義される「個」から、自発する「個」へ。それは社員一人ひとりが自分の足でしっかりと立ち、自分の人生を自らの力で創っていくことを目標に、栄光という組織が一人ひとりの夢やビジョンを描き、それを実現する組織でありたい、との祈りを込めたものでした。しかし現実は、人手不足を補うために大量のアルバイト学生を採用し、即戦力として使えるようにマニュアル化が進められていました。かつての温かさを失ったところに真の成功があるものか……私は日々悩み、そのエネルギーは二期倶楽部の経営へと一層傾斜していったのです。

カラカサタケ（ハラタケ科）
秋深まる10月、二期の森で傘の直径が20cm、柄の長さが30cm近くある超巨大キノコと遭遇。森の小さな生き物たちにとっては雨宿りできそうなサイズです。天ぷらや炒め物など加熱調理すれば食べられます。那須では「ニギリタケ」と呼ばれています。

また同時に、栄光の原点である「人が生まれながらにもつ潜在的個性や能力を耕し、育て、生かしてやることが自分自身の使命であり、また何百、何千という生徒がいても、それは一人ひとりの集合体・常に一人ひとりの状況を把握し対応する」という北山雅史の思想も、選択と集中という美名の下に、自らが創った組織をコントロールできなくなり、共にその中へと呑み込まれていくのです。

１９９０年代に入ると、大手塾の競合はますます加速していきました。２００８年に夫が社長を退任してからは、一層業界の再編成は進み、乱暴なＭ＆Ａや事業提携によって株主利益をうたい、一切の無駄を省き、経営の効率化を図ることが当然のような風潮となりました。業界は皆、少子化の中で生き残りに必死なのです。株主までもが目先の配当にこだわり、増収増益に一喜一憂する姿には、ただただあきれるばかりです。市場の最大化を狙った旧型の売上優先の戦略と施策に走る経営陣と、私との間の溝はますます深まり、とうとう静岡にある大手テスト会社や、一部上場会社の同業者までもが経営に参画し、それぞれが栄光の主導権を争う闘争へと泥沼化していくのでした。

木の実

秋も深まりつつある二期倶楽部の森には、いろんな木の実が見られます。代表的なものは、①「オニグルミ」、②「コナラ」、③「ヤマグリ」、④「クヌギ」の４種。ブナ科の木の実の総称をどんぐりと呼び、コナラとクヌギになります。細長い物が「コナラ」、丸っこい形をしているのが「クヌギ」です。

減価償却しながら時間と共にキラリと光る小さなブランドを残し、次の時代を担う人たちに文化資本としてバトンタッチしていきたい……そうした私の願いも、横暴な資本による混乱により、〝客観性〟という言葉で私たちは多くのものを失うことになりました。そこではまさに〝生木を引き裂かれるような〟思いを経験しました。

共に学ぶ　生きる

経営についても、資本主義経済の合理性に徹すれば徹するほど、そこに倫理や美などを結びつけて考えるようにしなければ、人間としての良心や良識を見失い、会社も少々怪しくなってしまうのではと思います。人間は誰もが正と悪とを持ち併せているものですが、人間と人間との関係性において、それらを望ましい目標や、より良い文化的価値に方向づけ、人の能力や可能性を最大限に広げていく営みの全てが教育であり、職場だと思うのです。

サルトリイバラ（ユリ科）

二期の低木に時折、真っ赤な実をつけるツル植物。トゲがあり、サルが引っ掛かるという意味でこの名がついています。晩秋の頃、真っ赤な実をつけるので良く目立ちます。根茎を乾燥したものは生薬で山帰来（サンキライ）といい、腫物やむくみに効果があります。

当時の私にはどうすることもできませんでしたが、新しい学力観や勉学観を提示できないまま大手の塾を残してしまい、教育サービスビジネスの成功に拍車をかけてしまった罪は、功より大きかったのではと思います。教育を社会構造や政治体制の改革や変革とリンクしているものとして自覚的に捉え、その中での塾のあるべき姿を議論することなく、さらに私塾が本来備えていた〝伝統的なるものへの反逆心〟を失ってしまったことで、私塾としての活力が失われてしまいました。結果としてその成長の一端を担うことになったことを振り返り、今では反省しています。

1990年代のバブル崩壊と教育の〝58年体制の崩壊〟を受け、変わりつつある産業構造に見合った教育をどう構築していくのかという観点から、文科省を中心に教育改革の模索が始まっています。偏差値の追放や、新しく総合学科を設けることで高校教育の多様性を進めていこうとする動き、単一の基準で能力を測るのではない「多元的能力主義」政策など……しかし、未だに新しいシステムの構築には至らず、子どもたちの不登校をはじめ、諸問題は近年ますます増大しているように思えます。最近では道徳教育の復活の是非がクローズアップされていますが、人間性を育てるには、教科指導や家庭だけではもう不十分なのではと感じています。人の情操や羞恥の心を育てるための方法論を見つけ出せると良いのではと思います。現在は、塾業界から学校の経営に参入する法人も増えているようですが、一方は生徒減に悩み、もう一方は生徒を囲い、ビジョンを忘れたもの同士が子どもを翻弄することなきよう、ただ願うばかりです。公教育の学校と塾とは、どのような補完関係をつくっていくべきか、別の視点で考え直す時期に立たされているのではないでしょうか。巨大化した大手塾産業に携わる人も、学力偏重やゆとり教育の罪などと、目先の近視眼

ギシギシ（タデ科）
由来は諸説ありますが、一説には、花穂を擦り取ろうとすると「ギシギシ」と音がなるのが由来だそうです。根を乾燥したものは生薬で、羊蹄根（ようていこん）といい、便秘、高血圧、動脈硬化などに効果があります。冬期、レストランで料理の下に敷いて利用しています。

的な議論を繰り返すことよりも、〝教えること〟と〝学ぶこと〟の対立を超えて、真に人間としての生きる力について、子どもそれぞれの能力を的確に捉え、新しいルートで子どもの学力問題もあわせ、育んでいく姿勢が必要ではないかと思います。これからは個々の教師がそうした視点を持つことで、日本の教育の活力を取り戻していただきたいものです。

　生物物理学者の大沢文夫先生は、自発性とは生き物らしさの一つ、と述べられています。自発性には仲間の有無がその行動に大きく影響するのだそうです。ゾウリムシも一匹だけの時にはただ真っ直ぐ進むだけであるのに、大勢いる時には盛んに方向転換が見られるようになり、また自然界では一匹だけでいることはなく、いつも仲間と一緒に暮らしているのだそうです。個体差を前提にした相互作用の中から、自発性というものが生まれていくとは考えられないか……そう考えると、最近の塾が展開する個別スクールやタブレットだけに依存したオペレーションは、果たしていかがなものでしょうか。こうした個別授業を見学させていただいた折、その環境の貧しさに驚いてしまったのは、既に古い価値観なのでしょうか。吉田松陰は駆け引きが嫌いで、「至誠にして動

ワサビの花
（アブラナ科）

雪解けの季節、キッチンガーデンのホタル池で自生しているワサビが花を咲かせます。本種はアブラナ科で、菜の花の仲間です。根は薬味、葉や花はおひたしなどにして食べられます。花はそのまま食べることもできます。独特の風味が口の中全体に広がっていきます。

かざるものは未だこれあらざるなり」と愚直に信じ、その生涯を生ききりました。改めて塾産業で働く〝教師職〟の人に語り継いでいきたいメッセージです。

リゾートの価値とは

創業当時、観光といえばまだ大型温泉旅館やスキー場にあるリゾートホテルに象徴されるように、団体旅行が主流でした。しかし一方では、海外に出かける数は増加し、個人向け旅行商品が販売されて話題になるなど、個人にフォーカスした二期倶楽部のコンセプトが受け入れられる土壌は既に十分ありました。書店には新しい組織論やマネジメントについて書かれた本もたくさん見受けられるようになりました。堺屋太一氏の『知価革命――工業社会が終わる、知価社会が始まる』が平積みで並べられ、「工業社会が終わる　知価社会が始まる」というその衝撃的なサブタイトルに驚いたものです。中西元男氏の『価値創造する美的経営――ＰＡＯＳ流ＣＩ・起業と蘇業の哲学』が出版されたのもこの時期と重なっています。この時私は、これからは知や美がビジネスの資源になる、と確信したのです。

その当時、私自身も国内外のホテルを利用していましたが、それらは贅沢過ぎて逆に居心地が悪いのです。その頃から温かい、心から安らげる宿が少なかったように感じていました。一方で老舗の旅館も、若い私には少々窮屈さを感じたのです。現在では当たり前のコンセプトになっている、大型のリゾートホテルでもなく旅館でもない、ホテルの機能性に和風旅館のおもてなしの心を持った、自身の別荘のようにゆったりできる豊かな時間を過ごすための小さな宿、これが二期倶楽部のイメージでした。使う側のニーズを徹底して追求した結果、できあがったハードやソフトです。

経営とは……
仕事とは……
教育とは……
リゾートとは……

会社の規模や業種にかかわらず、会社は何のために存在し、何を実現しようとしているのか、マネジメントを通じ経営者とはどうあるべきなのか、経営の目的について考え続けてきました。

市場を創るために企業理念に基づき、総力を上げて活動する、ということがマーケティングの本質ならば、私は顧客の共感を大切に、ちょっぴり既存の市場を揺るがしながら、新しいリゾートホテルの価値について模索してきました。理想のリゾートを求め、時間を掛けて少しずつ深めながらブランドを磨き早28年。未来の器としてのリゾートをこれからも考察していきたいと思います。

スターバックスコーヒーインターナショナル元社長のハワード・ビーハーは、「私たちはコーヒーを売っているのではなく、コーヒーを提供しながら人を喜ばせる仕事をしている」と述べています。それに倣って二期倶楽部について述べるならば、「二期倶楽部をリゾートホテルというのは狭隘過ぎる。価値を共有する運動体である」とも言えるでしょうか。

これからも引き続き、より良い人間性を手に入れるための手段としてのリゾートのあり方について考えを深めていければと思います。たとえ物が豊かに溢れていたとしても、そこに生き生きとした人間関係がなかったら、それはとても貧相な社会ではないでしょうか。一人ひとりの人間が仕事を通じて生きることの絶対的意味を追求し続けるところに、私たち二期倶楽部が学び続ける共同体という所以があるのです。

4.

笑顔の連鎖

里山の豊かさを実感

「自然は私たち人間の生命力を養うと同時に想像力の源ともなる」

株式会社資生堂名誉会長の福原義春さんは、人間的感性を取り戻すには自然が一番と自然に触れることの大切さを著書『美――「見えないものをみる」ということ』で語られています。自然は叡智を秘めています。それを学びながら、自然を母体にして、私たちは成長してきたのです。自然の営みには、果てしない経験が含まれ、それが人間を支え、そして私たちは常にそれらとつながっているのです。

「人間は孤独な存在ではない。137億年の宇宙の歴史を全部背負っているのです」佐治晴夫、2009年「山のシューレ」シンポジウム

「人の中心は情緒である」『春宵十話』岡潔

中沢新一さんは、数学者・岡潔の『春宵十話』のあとがきの中で、「『自然が人間にさしだしてくれるもの』を上手に受け取るための心の構えが、岡潔が言う情緒なのである」と指摘されています。中沢さんは続けて「現在のコンピュータの思考回路には、この『自然が人間にさしだしてくれるもの』を受け取る通路がつくられていない。そのために、現代世界は自分が何をやっているのかわからないままにマネー資本主義へと突き進み、人間は情緒という自然への通路を失い、中心を失った存在になってしまっている」と警告されています。この「情緒の構造」こそ、「正しく、美しい生き方を可能にしてくれる」ものであり、日本文化の美徳も弱点も、全てはそこに起因しているのです。岡潔が、日本文化の特性はこの情緒を土台に組み立てられていて、その美しい心情を生み出してきたのは自然だと述べているように、現代人の私たちにとって今大切なこととは、自身の身体を自然にシンクロさせてみる経験ではないでしょうか。

横沢の牧草地から里山の雰囲気を残す林を歩くと、蕗《ふき》、タラの芽、ギボウシ、モミジガサ、ツリガネニンジン、スイバ、スカンポ、ウコギ、山帰来《さんきらい》など、豊富な山野草に出合うことができます。

食用のモミジガサと思い、良く似ているトリカブトの群生に歓声をあげたもののの、こちらには強い毒性があると知って驚いたこともありました。野草を摘んだ後に薄衣をつける揚げ方は、摘み草の才人、篠原準八先生流。熱々の焼き石を入れて作る味噌汁と共にいただく炊きたて飯と手打ちうどんは、もう一つの二期倶楽部のご馳走です。

「摘み草は地元野菜ですから産地偽装もありません。地産消費すれば運送費もかからず調理も簡単。CO_2削減にもなる」と先生のご発言に、お客様も思わず大笑い。そんな日があったことを懐かしく思い出します。

二期倶楽部の日々の営みの中では、毎日のように語り継がれる物語がたくさんあります。お客様と接するスタッフの心遣いが生み出す「はっとするような出来事」「忘れられない想い出」「心に宿しておきたい共感の瞬間」、そして何よりお客様にお褒めのお声をいただくと皆、本当に嬉しくなるのです。

二期倶楽部に特別なマニュアルはありません。一人ひとりがお客様に心を寄せ、良いと思ったことを実践しているだけです。用意しているものは、お客様

のお目覚めからお休みになられるまでの流れに合わせたスタッフの役割集（ロール）と、二期のマネジメントを支える簡単なツールだけです。おもてなしの心とそれを感じる喜びは、万国共通なのです。愛の眼差しをもってお客様と向き合うことこそおもてなしの基本ではないでしょうか。

「むかふの『む』は身であり、『かふ』は交ふである。物を考える基本的形は物に対する常に知的な働きではなく、モノと親身に交わることだ」——物を外から知るのではなく、物を身に感じて生きる大切さは、中西進先生の本から学びました。

臨床心理学の世界では、健全な人間関係を構築する基礎となるのは円滑なコミュニケーションだと言われているそうです。そのために〝ラポール〟が大切だと聞いたことがあります。ラポールの基本は人間愛であるとも。ラポールが築かれていると、人と人との信頼感から安心感や親近感が生まれます。人の心を動かすものとは、やはり自らの心を一生懸命遣うことだけなのです。

一期一会から二会、三会へ

～二期スタッフからのメッセージ～

二期倶楽部にお越しのお客様は、それぞれの時間をさまざまにお楽しみいただいているようにお見受けします。

あるお客様はバッグいっぱいに本をお持ちになり、お食事以外の時間は部屋から一切出ていらっしゃいません。出発の際に伺うと「ゆっくりとした時間を過ごせた、また来るよ」「楽しみに溜めていた本が読破できた」と満足そうなお顔です。

また別のお客様は、到着早々にお部屋にご用意している缶ビールをお持ちになり、森の中へと消えていかれます。後で伺うと、何も考えない時間を、ただただビールを飲んで森の中で空を見たり、木々を見たりしてお過ごしになったとのこと。これが何よりリラックスできる方法なんだ、と教えていただきました。自分で同じことを試してみると、それがとても気持ちがいいことに気づきました。何もしない贅沢というものとはこういうことなのか、と感じた瞬間です。

お客様は、ここで働く私たち以上に、この環境を楽しまれているのだと感じます。

お客様に教えていただいたことを次のお客様へ伝え、そこからまた新しい発見をしていく独自のサイクルが、二期倶楽部にはあると思います。

雪だるまのサプライズ

ハワイからのお客様よりご予約をいただきました。那須の雪を楽しみにしていますとのこと。ところが、その年は降雪がなく、どうにかご期待に添いたいと考えているうちに、雪の残る那須の山に向っていました。

そしてお客様ご宿泊のルームのテラスに雪だるまを作ってサプライズのお迎えをしつらえました。

ウエルカムの合言葉は、もちろん「ALOHA」。「雪は降りませんでしたが、こちらにスノーマンをご用意させていただきました」とお伝えした時のお客様の驚きと喜びのお顔が忘れられません。

(予約ゲストサービス)

宿帳に現れた「三つの椅子」

長期間お泊りになるお客様には、「宿帳」が託されます。実はその中に宿側のスタッフ自身がメッセージを書き記すこともあります。

スタッフ側からのメッセージページの中で、

〝目立ちたい！〟と思い、美大出身の後輩の指揮のもと、版画作家・陶芸作家・ガラス作家の夢のコラボレーションで、「三つの椅子」がその姿を現しました。

お客様が目にされるのを楽しみにしながらノートを閉じた時、午前2時を過ぎていました。

（予約ゲストサービス）

「ありがとう」が温かくて

寒い雪の夜、遅番業務をしていた時のことでした。

本館周辺の小道が見えなくなる程に雪が積もりました。そこで私とMくんと2人で雪かきを始めました。夕食を召し上がりにレストランへ向かう方、雪見の露天風呂へ向かう方、部屋へ戻られる方と、すれ違う皆様から次々に「ありがとう」のお言葉をいただきました。

私は褒められるということがあまりありませんでした。思い返すとお客様から温かいお言葉をいただいた時は、必ず自分自身、お客様に対して真に気持ちを込めて何かをしている、またはそのようにした時です。

当日の寒さなど忘れてしまうほど、心温まる出来事として記憶しています。
（レセプションゲストサービス）

受話器ごしの出会い

予約受付担当として電話応対業務を日々繰り返している中で、応対をしたお客様から最後に「ご丁寧にありがとうございました」とお言葉をいただくことが何より嬉しいです。

またホテルのことやお部屋に関してご質問をいただいた最後に「とても感じの良い方ですね、行ってみたくなった」というお言葉を掛けていただいた時、受話器ごしではなく、実際にお会いしてみたい気持ちになりました。
（予約ゲストサービス）

「また来ます」と送迎指名

お迎え、お帰り共に駅で「また来ます。予約する時に運転手を指名するので名刺が欲しい、必ず迎えに来てください」とのお言葉をいただきました。

お客様を駅までお送りし、お客様が笑顔で「また、来ます」と言ってお帰りになられると、二期スタッフ全員のホスピタリティが伝わったと、幸せな気持ちになれます。

（ドライバーゲストサービス）

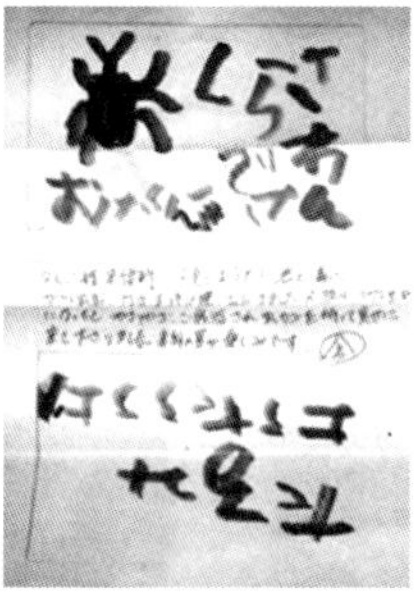

四つ葉のクローバーの思い出

二期の森で数本の四つ葉のクローバーを見つけたお客様に、家に帰るまでクローバーが枯れないようにブーケにしてお渡ししたところ、たいへん喜ばれて、お帰りの際に「お礼に」とその中の1本をくださいました。押し花にして、再び二期の森でお会いした際にお見せしようと思っています。

（レセプションゲストサービス）

共感できる喜び

アテンド中に「本当にきれいですねえ」とお客様と一緒に立ち止まって、那須連山や森の木々や草花をしばしの間眺めた後、ふと目が合って微笑み合う瞬間が好きです。同じ感動を共有できた幸せを感じます。

（レセプションゲストサービス）

暖炉のしつらい

2年前に脳梗塞を患われ、生死の際を乗り越えて、リハビリを通じて奇跡的にお元気に回復されたというお父様の快気祝いに、ご家族とご親族の皆様7名でご宿泊のご予約のお尋ねをいただきました。

「あの暖炉のあるお部屋の予約が取れるようであれば、ぜひ暖かく香しい薪の薫りとともに大切な思い出を作りたい」とのことでした。

ご予約の当日、暖炉の前に快気祝いの心を込めたおもてなしのしつらいをしてお迎えしました。

ヒゲさんの岩魚の燻製を暖炉の火のそばに並べ、日本酒を酌んだ竹筒と炭を入れた火鉢のしつらえを用意しました。皆様、ホテルでのそのようなもてなしは初めてとのこと。

「どこにもないような、二期さんならではのすばらしいしつらえをありがとうございます」とお客様は大感激して下さいました。ご一同が和気あいあいとされている姿をとても嬉しく感じました。（レセプションゲストサービス）

結婚式で逆サプライズ

8月にお2人と出会い、12月21日のご結婚式までの約5カ月間のお付合いがスタートしました。

もの静かで、いつも優しく穏やかなご新郎様と、いつも明るく笑顔の絶えない、ちょっぴり天然のご新婦様でした。

「いつも寒い中、お迎えありがとうございます」と声を掛けてくださり、「Mさんに話そうと思っていたんだ！」と楽しそうに話してくださるお2人がいました。その一言一言の温かな言葉には、私が逆にいつもお2人に支えられていたような気がしました。

迎えたご結婚式当日、お2人より私にサプライズの演出が組み込まれておりました。突然の出来事に驚きを隠せないまま、お2人が目の前に立った時は、すでに涙でいっぱいの自分がいました。感謝の気持ちが詰まったお手紙とプレゼントをいただき、その時の感情は今でも思い出す度に胸が熱くなります。

結婚式には、言葉では表現することができない感動がたくさんあります。当日の演出に加え、お客様の表情、行動、言葉それぞれがあってこそ、一つの式に結びつきます。

12月21日は、私のこれからのプランナー人生として大きなターニングポイントとなり、一生忘れられない一日となりました。

（観季館ゲストサービス）

カウンターの中から見える光景

新緑まぶしいある日のことです。

東京・神宮前にあったBar Radioに週に何度も通っていたことを、その方は穏やかな口調と笑顔でカウンター越しにお話して下さいました。カウンターへ向ける視線は当時のことを思い出して、懐かしい昔の時間を心の中で楽しんでいるようにも見えました。

Bar Radioの歴史や雰囲気など、色々なことを伺いたい気持ちになりましたが、あまりお声を掛けずお客様同士の会話を少し聞かせていただきました。10分ほどすると「ありがとうございました」と微笑みながらご挨拶をいただき、会話の続きをしながらお帰りになりました。

ほんの10分ほどの時間でしたが、お二人にとっては大切な時を過ごされたのだと思い、そんなひとときをご一緒できたことを嬉しく思いました。

（観季館ゲストサービス）

眠れぬ一夜

まだまだ残暑が厳しい8月30日。夏休みも終わりだというのに当日の「ラ・ブリーズ」は満席でした。

18時レストランがオープンし、テーブルにご夫婦が着席されました。奥様は妊娠8カ月ということでした。さあディナースタートという時に、ご主人様から呼ばれました。「妻が蜂に刺された」とのことでした。まさか、テーブルクロスの中に……。

奥様の意識ははっきりされていましたが、ご妊婦様でしたので、ただちに救急車を呼び大田原赤十字病院に搬送されました。

ご主人様も付き添われました。結局、この日は二期倶楽部にはお戻りになられず、大事をとってご主人様と共に病院泊となりました。

診察の結果、母子共に問題なしとの事で胸をなでおろしました。後はただ無事に生まれて欲しいと願っていました。

後日、お見舞いに花をお贈りしたところ、丁寧にメールにてお礼の言葉をいただきました。そしてそのメールには「皆さん迅速に対応していただきありがとうございました」とのお言葉が添えてありました。

それから数カ月が経ち、迎えたお正月。一通の年賀状が届きました。

そこには可愛らしい赤ちゃんの写真がプリントされていました。そうです。奥様が蜂に刺されたご夫婦からの年賀状でした。


「元気な赤ちゃんが産まれました。8月はご迷惑をおかけしました」とメッセージが添えられていました。

次回はぜひご家族3人水入らずで、二期倶楽部にお帰りいただきたいです。

（ラ・ブリーズゲストサービス）

二期の空気を届けたくて

いつものように、本館宿泊のお客様を乗せたシャトルバスがゲートに到着しました。

お客様を本館レセプションにご案内し、チェックインを行っていたところ、60代のご夫婦のご主人様の顔が突然蒼ざめ、意識がもうろうとされ動けなくなりました。ただちに救急車を呼び病院に搬送されました。

その後、奥様から連絡が入り、特に大きな病気ではないが大事をとって入院し、そのまま自宅にお帰りになるとの事でした。

「ご迷惑、ご心配をお掛けし申し訳ありませんでした」とおっしゃって、ご出発になりました。

後日、奥様より兵庫県の銘菓とお手紙を頂戴しました。お菓子のお礼に、二期菜園で採れたお野菜をお送りしました。

少しでも二期の空気を感じていただきたかったからです。

後日、奥様よりお手紙を頂戴し「大切に育てられたお野菜をいただき、思いもかけない贈り物に主人共々大変感激しております」「主人もすっかり元気になりました。来年はぜひとも二期の森へおじゃまさせていただこうと2人で楽しみにしております」と書かれておりほっとしたのを覚えています。

昨年、元気なお姿でお帰りいただきました。

ご挨拶をさせていただいたところ、あの時の野菜はとてもおいしかったと覚えていて下さいました。

今回のご滞在ではお食事、散策、温泉などゆっくりと二期倶楽部をご満喫されたようでした。
（ラ・ブリーズゲストサービス）

ファルコンからのメッセージ

外国人のお客様がご宿泊された時、ブルータス（二期倶楽部の人気犬の名前）が亡くなって寂しそうにしているファルコンを見かけられ、とても気に掛けて下さいました。

　そのお連れ様の女性は動物にマッサージをする勉強をされていたとのことで、ファルコンをやさしくマッサージし、しばらく遊んで下さいました。

　翌日はお連れ様のお誕生日だったのですが、昨日のことを知った森のコンシェルジュのAさんが「お誕生日おめでとう　ファルコンより」と書いたバースデーメッセージをファルコンの首輪に忍ばせておいてくれました。

　何も知らずにファルコンに会いに行ったお客様はメッセージを見つけて大変喜ばれ、今回の宿泊で一番嬉しかったのは、ファルコンからのバースデーメッセージだとおっしゃってお帰りになりました。

震災1年後のご宿泊で那須に来るかどうか少し迷ったとお話されていましたが、ファルコンと森のコンシェルジュのAさんが、お客様のご滞在を思い出深いものにしてくれたように思います。

（レセプションゲストサービス）

お子様連れのお客様のために

さまざまなお客様がご宿泊されますが、宿泊予約が間際だった場合は、レストランの席が遅い時間しか空いていないことがあり、ご希望の時間に夕食を召し上がっていただけないこともあります。

お子様連れのお客様は特に「遅い時間まで子供は空腹を我慢できるのか？」「寝る時間になってしまうのでは？」など不安でいっぱいです。

そこで一組のお客様に対し、18時前に夕食のお部屋出しをご提案しました。

初めは恐縮していらっしゃいましたが、お飲物もレストランのワインをご提供し、食事は2段のかご盛りでお部屋にお届けしました。

お膳を下げに行くと、そこには感謝のお手紙が添えられていました。「盛り付けもきれいで、本当に美味しかったです」というメッセージでした。チェックアウトの際にいただいたコメントにも、「また子供連れで宿泊しに参ります。本当にすてきな夕食をありがとうございました」という言葉が書かれていました。

この時は本当に自分の職業に喜びを感じた瞬間でした。（レセプションゲストサービス）

笑顔のおもてなし

アート・ビオトープ那須のカフェに、二期倶楽部にご宿泊のお客様が、ご夫婦でコーヒーを飲みに来られました。

ホッと一息つかれて店内のギャラリーをご覧になり、そこで販売しているポストカードが奥様の眼にとまり、ご購入いただきました。気に入っていただけたポストカードが人気で在庫が少なかったのですが、ポストカードを描いたスタッフがいたので相談し、ご希望の枚数を後日発送することになりました。

話の途中、「あなたの笑顔は良いわね」と笑顔で言っていただき、ほっこりした気持ちでいると、「あなたがいなかったら、彼女と話すこともできなかったわ」と言って下さいました。

（森のコンシェルジュ）

心を込めて清掃しています

Ｏ様には、ステイ中の部屋の清掃の度に、お寒い中、お部屋を空けていただき申し訳ない気持ちになります。

いつもお部屋をきれいに使って下さっているので、早く終わらせてゆっくりお過ごしいただきたいと思いながら心を込めて清掃しています。また、ご滞在の度に、ありがとうメッセージを残して下さいます。

感謝の気持ちを込めて、時折メッセージ交換をしています。そこには……

いつもありがとうございます。

故郷がある事の素晴らしさを、お伺いさせていただく度に体感させていただいております。素敵な故郷の一員として、更なる進化を共感させていただけましたら幸いです。

ご一緒に故郷を作り上げていければと私たちも願っています。（ハウスキーピング）

お嬢様とともに成長

何度もお越しいただいているお客様のお嬢様が、ご到着されるとリネン室の扉をノックしに来てくださいました。

「こんにちは、つまらないものですが皆様でどうぞ」と言ってお土産を持って来て下さったのです。その姿が、今でも忘れられません。

最近は少し大人になられていて、スタッフ皆でご成長を見守っています。

お子様のご成長とともに私たちの仕事も成長できればと思います。（ハウスキーピング）

お客様の置き土産

お客様がアウトされ清掃に入ったところ、テラスになんと可愛い恐竜の雪だるまがありました。お父様とお子様の力作でしたので、少しの間残しておきたいと思い、テラス脇に置いておきました。（ハウスキーピング）

時間を超えた繋がり

6年前に退職し、自分の夢を持って那須を離れた元レセプションスタッフが、昨年末、久々に那須へ遊びに来た時のことです。

当時からいるレセプションスタッフに集まろうと声を掛けたところ、時間を合わせて数人が集まってくれました。

年月が経っても当時と変わらない皆の雰囲気に安心感があり、また呼びかけに応えてくれる仲間に、時間を超えた繋がりの深さを感じました。（レセプションゲストサービス）

お客様と達した「無」の境地

nikissimoのアロマトリートメントで、30代の女性のお客様を担当しました。

自分の場合ですが、長い時間のトリートメントほど集中力が増してくる傾向にあり、その日も120分以上のトリートメントと記憶しています。

夕方うす暗くなる時間帯だったのでお部屋も照明を落とし、かなり暗い中でトリートメントを行い、私自身とても施術に集中できた時間でした。ヨガの瞑想に似ていると思うのですが、集中していると「無」になり光のようなものが時々見えてくることがあります。私の場合、瑠璃色だったり、紫がかったピンクっぽい色だったりするのですが、たまたまその日はピンク色っぽい光が自分の手の甲から手の平に向かって流れて行くイメージを感じていました。瞑想でイメージですから言葉に発することもなく、寝息をたててお休み中のお客様には通常通りトリートメント終了の言葉を掛けてゆっくりと起き上がっていただき、退室しました。

その後、お茶をお持ちした際に「あの……ピンクの光が見えたんですけど何か演出していらっしゃるんですか？」と言われました。

私は暫らく黙って考えてから、自分も妄想なのか空想なのか同じ色の光を感じた旨をお客様にお話ししました。

お客様には「とにかく今まで受けたトリートメントでこんなに深くリラックスできたのは今

回が初めて!!」ととても喜んでいただいたことが嬉しかったです。光が共通して見えたことには違和感はなく、人間は波長と波長が重なる時があり、それが数万分の1ミリもずれることが無かった時には、この様なことが起こるのだと自分の中で納得しています。人は五感以外にも体で色を感じ取ると言います。最古のセラピーはカラーセラピーだったとも聞きます。

那須の地場の良さや、トリートメントで使用しているフレッシュハーブ、風の音や星のまたたきが奏でる1／fのゆらぎ。

nikissimoには疲れた体と心を癒すトリートメント＋何かが、まだまだあると感じることのできたエピソードでした。（nikissimoサロン）

お客様が交わした約束の場所

本館ご宿泊のあるお客様の話です。

「お部屋の前にあるベンチで夕日を見ながらビールでも楽しまれると、リラックスした時間が過ごせますよ」という一人キャンペーンをしていた時のこと。

その日も本館池前にご宿泊のお客様同士が、夕方のまどろみの時間に、お部屋前のベンチに腰掛け挨拶を交わしお話ししている姿を見掛けました。

そのお客様同士で、ご宿泊中も仲良くお話をしている姿を何度か拝見しました。

ご出発の際も時間を合わせたかのように、同じタイミングとなり、お互いの連絡先を交換されている姿が印象的でした。

それから1年も経たないうちに、同じ日程にそれぞれのご予約が入っている日がありました。

偶然かとも思いましたが、おもいきって到着時に伺ったところ、二期での再会のためにお互いが連絡を取り合い、日程を決めたと教えていただきました。

二期倶楽部の空間で「縁」ができ、二期倶楽部以外の場所でも「縁」が継続していたことを目の当たりにし、とても嬉しく感動した忘れられない思い出です。

人が縁を結んだ瞬間を、実際「目で見て」「その空気」を共有できた初めての体験でした。

（レセプションゲストサービス）

ヘアスタイルがチャームポイント

東館がオープンして間もない秋頃のこと。

ご愛顧いただいているI様ご夫妻が久しぶりにガーデンレストランにご来店いただいた際、「あなたまだ頑張っているのね!!」と声を掛けて下さり、とても嬉しく感じました。

その頃より、他のお客様の方々からもそのようなお声をいただくことが多くなりました。

それを励みに若い時代は先輩の指導の下、業務に前向きに励んでいたことを思い出しました。

若い時分でしたので名前もアピールできる機会も少なく、お客様曰く、ボブカットの髪型で判断されていることに気づき、長い期間を通してヘアスタイルを変えないと決めたのは、過去の思い出です。（レセプションゲストサービス）

真心込めた思い出のギフト

二期倶楽部へ99回もお越しいただいているお客様が、還暦のお祝いでご宿泊されると伺い、そのお客様と二期倶楽部との物語が込められた特別なギフトを差し上げたいと、スタッフ一同でアイデアを練りました。

何度かの打ち合わせを経て完成したのは、お客様の思い入れ深いキッチンガーデンをモチーフにしたドーム型のオブジェ。ガラス工房のスタッフがバーナーワークでキッチンガーデンのミニチュアを制作し、ドームには記念のメッセージを入れました。

ご夕食時、バースデーケーキと共にサプライズとして差し上げたところ、「お店に飾ってみんなに自慢する」と、とても喜んでいただけました。

（レセプションゲストサービス）

語り継がれる二期イズム

　長年にわたって、二期倶楽部の料理を牽引してきた「ムッシュ」こと宮﨑康典総料理長が定年後3年間の顧問を終了され、退職されました。また二期倶楽部のゼネラルマネージャー、宿泊部で活躍してこられた「GM」こと中野允夫総支配人は、3・11を機に一年早く早期定年退職され二期倶楽部を離れることになりました。一流ホテルで実践されてきたホスピタリティ、特にお客様への心配り、そしてGMサプライズのアイデアの数々。GMの残してくれた心と形は二期イズムとして、スタッフの一人ひとりの心の中に生き続けています。

「還暦のお祝いに、二期倶楽部社長、社員一同から特別な贈りものをご用意させていただきました！」という声に、ステージ袖のプレゼンターを振り返ったムッシュとGMが「おーっ」と驚きの声を上げられました。それは、世界に唯一無二の二期倶楽部からのギフトです。赤いちゃんちゃんこに袖を通し、2人が喜ぶ姿は、今でも目に焼きついています。

（企画室）

お客様の言葉に耳を傾け、五感全てで気持ちを汲み取り、思慮深く、礼儀正しく、そして適切に接する手技《わざ》心技《わざ》をこれからもさらに身に着けていきたいものです。

5.

二期倶楽部の「源泉」

アートとしての農へ

伊藤俊治（東京芸術大学教授／美術史家）

全身が一つの感覚器のようになる。二期倶楽部の広大な敷地には川が流れ、橋が架かり、小道を抜けると田園が開け、地層を見渡すツリーハウスや雲を映す石鏡が天を仰ぐ。苔むす岩が寄り添い蛍舞う清流が交わると、大地も人も浮力を帯び、自分が自然の一部となり、その中を自由に駆けめぐることができるかのようだ。光と香を孕んだ山川の移り変わりや豊かな森の緑の表情は、四季の変化に精妙な彩りを加え、人の思いを静かに吸いとってゆく。そこにいるだけで安心感を覚え、心鎮まり、無言のものに耳を傾け、見えないものを見る思索と瞑想の次元がゆっくりともたらされる。

そうした自分の時間に帰ることのできるかけがえのない場所である二期倶楽部の未来に思いを馳せるなら「アートとしての農」という方向になるのではないだろうか。農と言っても農業のことばかりではない。農業（アグリカルチャー）にカルチャーという言葉が入っているように、農業はもともと自然学や歴史学、芸術学や経済学まで巻き込んだ知と美を耕す場であった。人間の心身を鍛え、感覚を刷新し、生命や自然への新たな眼を養ってゆく学びと創造の場なのだ。

二期倶楽部が開設された１９８６年以来、北山ひとみさんは、慈愛に満ちた観音のような優しい眼差しと自然への深い敬愛とともに、人と自然をつなぎ、人と人を結ぶ「山のシューレ」、「アート・ビオトープ」、

「庭プロジェクト」、「アート・ビオファーム」などの魅力的な試みを連鎖させ、那須の地にエッセンシャルな記憶と運動を注ぎ、自然と人間が共生するビジョンを多様に示してきた。

以前、生命にとっての根源的な家は地球であると、北山さんと話しあったことがある。その家で暮らすにはその家の論理を正しく理解する必要があり、そのためのルールとマナーが不可欠である。この地球という多くの問題を抱えた限られた家で生活を続けるには自らの生き方を再考し、学び直し、実践することが問われる。「アートとしての農」とは、そのような統合的な知と美を身体化してゆく実験場に他ならない。

ウォールデンではないが、二期倶楽部には三つの椅子がある。一つは自分が生きる歓びを見いだすため、二つめは他者と共に生き、分かち合うため、三つめは大いなる自然と対話するための椅子である。この三つの椅子は二期倶楽部の至るところに置かれている。人と自然の関係を再創造するために、いつもこの居心地の良い三つの椅子は私たちを待ち構えている。

那須の女神のように

佐伯順子（同志社大学教授／比較文化学者）

テラスから見わたすたんぼ一面に、かわいらしい稲の緑がそよぐ田植えの翌日、二期倶楽部さまと私の家族との幸福な出会いがありました。

那須与一の物語や謡曲の舞台でも知られるスピリチュアルな空間・那須。この場所ならではのおだやかな空気に満たされながら、ゆっくりといただく、その土地に根ざした（文字どおり）やさしいお味のお野菜や卵、チーズ。まさに、寿命がのびる極上の朝食。

毎夏の学びの催し「山のシューレ」では、能楽師の先生からレクチャーをいただき、石舞台でのパフォーマンスで、自然とともに舞う悦びに満たされました。ひんやりした舞台の感触が、不滅の石に秘められた力を人間にも伝えてくれるようで、女性能楽師であった祖母の魂もよりそってくれたかのようでした。

自然との共生、エコロジカルな空間から生まれるアート……ともすればはやり言葉に終わってしまいそうなことどもが、二期倶楽部ではごく自然に営まれています。

母とともにすごしたベルリンの生活もよみがえります。住宅街からほんの少し散歩すれば、森と湖が広がり、ゆっくりとウォーキングを楽しむ人々。自然を心底愛するドイツ市民のライフ・スタイルと、彼らの意識がそのまま実現したエコロジカルかつ文明的な都市空間。「シューレ」というドイツ語にこめられた、ひとみさまのメッセージがうかがえます。

あの震災は日本人に、那須の地にも宿る自然という神の、底知れぬ破壊力と恵みの両義性を思い知らせるものでした。ちょうどその時期を境に車いすとなった母が、命の大切さを教えてくれたのも偶然とは思えず、やっと旅行ができるまでに回復した母が那須再訪を熱望し、以前と同じようにテラスで朝食をいただいたのは、命のよみがえりを実感する至福のひとときとなりました。

日本のリゾートにありがちな喧騒から解放され、那須の木々の緑に囲まれ、渓流の響きを間近にしながら、誰でもゆったりと散歩することができる、真の大人のリゾート――欧米に比べ、日本にはなかなか見いだせない稀有な空間。

いまだ国際比較上遅々として進まない、日本女性の社会参画を思えば、かろやかなほほえみとともにおもてなしくださるひとみさまの姿は、未来を担う多くの日本女性にも、癒しと勇気をいただけるものです。日本の本当の「おもてなし」文化を担う女性のひとりこそ、ひとみさまでしょう。

これからも〝那須の女神〟のように、わたしたちに極上の癒しをいただけますことを……。

旅人はいま

高橋睦郎（詩人）

北山ひとみさんを知り、二期倶楽部那須を訪れた最初は21世紀初めの年、2001年5月6日。まさに夏立つ日。

那須何処もあをあをと夏立ちにけり

これがぼくの那須への初対面の挨拶だが、逆に那須のぼくへの挨拶ともいえる。那須から受けた印象が言葉になって出てきたのが、この一句だからだ。滞在4日間、その後も至るところ、至る場面で、新鮮な不意打ちの挨拶を受け、その結果はたくさんの俳句になった。以降、何カ月置きかに3、4日滞在し、途中からは旧友の写真家沢渡朔も誘って、那須への小さな旅は翌年3月末まで続いた。この間、ぼくと沢渡が那須から受けた嬉しい挨拶の束は、俳句・写真集『那須いつも　四季』となった。二期倶楽部那須の客室に常備してあるので、覗いてくれた人もあろう。

ぼくと沢渡の場合はたまたま俳句であり写真だったが、滞在客の一人ひとりがさまざまな形での那須の挨拶を受け、忘れがたい記憶を残したのではないか。それは北山さんと二期倶楽部の、行き届いているがさりげない気配りのせいでもあろう。北山さんはつねづね、自分は二期倶楽部のオーナーであって、女将ではない、と言ってきた。昔ながらの女将さんに、そして女将さんの宰領する旅荘に時として感じるサービスの過剰さが、二期倶楽部那須にはない。とはいえ、当今隆昌のアメリカ流経営学仕込み、合理主義一辺倒のリゾート・ホテルの味気なさからも遠い。

旅とは何で、泊まるとはどういうことを意味するか。日本民俗学の創始者、柳田國男によれば、旅という言葉の語源は漂泊者の定住者への懇願の言葉、「タベタベ」「タマエタマエ」「クダサイクダサイ」「タベモノヲメグンデクダサイ」「ヒトヨノヤドヲメグンデクダサイ」にある。旅人は本質的に乞食、物乞い、beggarなのだ。

この本質は現代においても変わるまい。金銭で交通費を支払い、宿泊費・食費を支払う現代の旅人も、身も心も寛げる宿と美味しく栄養のある食事、加えるに新鮮な驚きと発見を乞い求めている。思うにそれは昔ながらの旅荘と当今流行のリゾート・ホテルのはざまにあって、無限の可能性を秘めているのではないか。

北山ひとみさんと二期倶楽部の目指すのもそのあたり。そして現代の旅人、contemporary beggarの乞い求めている旅も、そのあたりにあるのではないか。

北山ひとみさんと二期倶楽部に期待すること

福原義春（株式会社資生堂名誉会長）

北山ひとみさんと知り合ったのは、松岡正剛氏が主催する「連志連衆會」で、松岡さん自身がぜひ二人で話をするようにとのおすすめであった。既に二期倶楽部のお仕事が軌道に乗ったあとのことであったが、おだやかな微笑みと柔らかい物腰でこちらの話をすべて受け止めて下さる心地よい寛容さは、これまでに会ったどの経営者とも違うものだった。

生来のおもてなし、それも押し付けがましいサービスではなく、相手の立場に立つホスピタリティの持ち主とお見受けしたが、のちにご本人から聞いたところによれば、大所帯で客人も多かった家庭を切り盛りしておられたお母さんの影響があるそうだ。

人をもてなす才能については天才的ともいえる北山さんが二期倶楽部をオープンされたのは１９８６年、つまりバブル絶頂期である。ただし、そのコンセプトは好景気の追い風を受けた浅薄なものではなかった。北山さんは、いずれこの狂った時代が終わること、そしてバブル崩壊後の社会では人々はますます人間らしい環境を失い、経済的には恵まれた都会生活者が心の豊かさを求めて旅に出る時代が来るに違いないと考えておられたのだ。

こうして、経営者が大衆に向かって網を打つような経営が主流の時代に、北山さんは那須開拓時代の農用林を聖地と考え、時間をかけて他に例のない長期滞在型のリゾートをおつくりになった。オープン当時はこのような施設が成立するとは誰も考えなかったのではないだろうか。しかし、北山さんの読みは当たり、人々は二期倶楽部で過ごす時間に満足し、次々とリピーターになるという状況が生まれた。その後、不景気によってラグジュアリービジネス全般が低迷し、原発事故のような思いもよらぬ困難もあった。しかし、そのような大きい危機を乗り越えたことで、北山さんの理想主義的な考えは一層現実的に鍛え上げられたのではないか。そして、スタッフや近隣にお住まいの皆さんの協力によって、この稀有なリゾートのコンセプトはしっかりと保たれている。

今日になって、北山さんの考えはますます正しいと思われる。二期倶楽部は単に美しい自然と立派な建物で過ごす時間や良くできたサービスを、お金と引き換えにする場所ではない。お客様が何を求めているかを真剣に考えて、それをどのように新しいおもてなしの姿にして実現するかという試みの連続が、採れたての有機野菜を使った食事や、アロマトリートメントサロンや、文化イベント「山のシューレ」などとなって結実し、営みに厚みを加えているのだ。

二期倶楽部の未来について記せば、北山さんの想いをかたちにすることで成り立ってきたステージから、次の時代にはその想いを如何にして組織全体の力にするかということが重要になってくるのではないか。しかし、時代は変わっても、関係者の努力と知恵そして何よりも「おもてなしの精神」さえ伝わっていけば、この豊かな場の力は輝きを増しながら続いていくだろう。

ホスピタリティの場所と二期倶楽部

山本哲士（文化科学高等研究院ジェネラル・ディレクター）

先日（7月15日）、ジヴェルニーのモネの庭園を観て来ました。気になりながらも、あまりに観光化されて有名になっているので敬遠していたのですが、想像をはるかに超えた、さまざまな花が乱れ咲く素晴らしい場所でした。一方、睡蓮の池は、静かなある意味日本的な雰囲気。モネは、当時住民の反対を無理やり押し切って、有の場所に、モネが想う「絶対無の場所」を出現させ、それがいまや世界中から人が訪れる「村」の場所環境となっています。花の咲き乱れる庭園は、人工的ですが自然、自然であるが手が行き届いているという「相反共存」の場所になっています。のんびり庭園内を歩きながら、ふと二期倶楽部のことを想いうかべたのも、こうしたものを造れるとしたなら二期倶楽部しかないなと感じたゆえです。

ホスピタリティは、場所をいかに述語的に環境設計するかにかかります。そこで人が場所環境にふさわしい自己技術を働かせることがなされます。述語的な環境設計とは自然を活かしながらも、人工的な想像設計が豊かになされ、自然の潜在的な力を出現させることです。モネは、それを100年以上前に、鮮やかに100年を超えていく時間設計とともに実現させました。そのプライベートな環境がパブリックになりえたゆえ、モネの死後、村全体のホスピタリティ環境がツーリズムとして可能になっていったといえます。観光客が大量におしよせても壊れない力を内在的にもっているのは、商品サービスへ商業主義化していないからですが、印象派impressionismのビジョン規定をしっかりともって、そこをゆるがせていないからでしょう。印象派美術館の庭園は、モネ庭園とは対照的な一種の花ごとで均質化し、幾何学的な構成をなしたまったく人工的な設計がほどこされています。それが、かえってモネ庭園の美しさを強調することになっています。

二期倶楽部の場所は、現時点では自然優位の場所設計になっていますが、人工的な設計がちゃんと施されています。秘すれば花なりの手入れがなされているため、人はそこでくつろぎ憩うことができます。かつては、豪奢な憩いのホスピタリティ空間でありえたのだと思いますが、社会が急速に発展してある種贅沢な消費的空間が日常へ満ちてしまうと、ギャップの「快」が不可避にうすれてしまう、もっと自然的にかつもっと人為的に新たな次元の環境空間を作り出せる場所だと思うのです。相反性の強烈な表出が、自然的でかつ人為的に、場所が絶対無的に出現されねばならない、どこにもないそこだけの場所です。スタッフは、ホテルマンとしてプロ的に洗練されるというより、普段の家庭生活的な気さくさに逆になっていくことだと思います。シティホテルのホスピタリティとは逆対応のホスピタリティ自己技術です。訪れる客の気持ちを先取りして自然に対応できる高度な自己技術、その要素は、多分に二期倶楽部にはあったものです。

印象派、なかでもモネは、日本的な述語制に最も意識的に取り組んだ。それは客観主義でも主観主義でもない閾における光と水面を色において追求したものですが、その追及の対象を自分で場所づくりしてしまった。景色の発明です。小林秀雄は、モネの絵画を近代絵画として分離思考的に光学分析していますが、逆です。場所を述語的に非分離総合設計し、その場所における絵画対象の述語表出を、日本の想像的表出（モネの家の壁には日本の浮世絵版画がたくさん飾られています）と水面に映る述語制において探究したのです。今、若い園芸科の学生たちが庭の草むしりや手入れを学ぶ場所にもなっています。一方、村の、1、2部屋しかない民宿は、bed & breakfast の個性ある家庭的な多彩な場所になっています、10軒ほどあります。

春、夏には多彩な花が咲き乱れ、秋には紅葉、そして冬の枯れ木、四季の述語的表象が人為的＝自然的に場所景観されている、〈享楽〉の存在表象です。そこで、能の舞いや音楽の上演、さらには光のささやかな演出が〈快・楽〉としてなされる。画一的な部屋空間ではなく、赤い部屋、青い部屋、白い部屋など、部屋ごとの個性が多彩に選択でき、そして、二期倶楽部の場所環境をさまざまなかたちで愉しめ領有できる、そんな多大な可能性をもった二期倶楽部の次の新たな第二のホスピタリティ・ステージがのぞめますが、それが二期倶楽部の本来の潜在力だと思います。有の場所には、多大な絶対無を出現させる潜在力がありますが、ホスピタリティの自己技術は、そこから独自に形成、創生されていくものです。個人・家庭空間と社会空間との間に、無数の場所表出の可能性がある。そこにしかホスピタリティは生きません。社会空間・消費空間にはホスピタリティは機能しきれないからです。場所が、まったく消失させられてしまっている日本の社会＝ナショナル空間で、冷たい功利的なサービス規則がはびこってしまっています。

二期倶楽部の場所環境のヘテロトピアが、さらに混迷・停滞する日本において、そこを超えて新たな段階で発明され、再び指針となっていくのを希望しております。

豊かさの源はここに

～「栃木の社長ＴＶ」応援メッセージより～

岩田亞矢子

御社理念の一つ「文化なきところに経済の繁栄はない」。まさにその通りだと思います。うわべの経済の成長があり得たとしても、それは決して人を幸福にするための経済の発展ではないでしょう。便利過ぎる日本の社会、それを享受している側にたっている限り、あまりにも恵まれた環境の中で日々の生活を送っている私たちですが、一つ立場を変えれば、結局は多くの人々の日々の生活の犠牲の上に成り立っている便利さでしかない、という思いに至ります。ビオトープ、文化、学び、自然と融合する上質で、物ではなく真の豊かさとは何かということを感じられるリゾートの完成を心よりお祈り申し上げます。

太田進（株式会社オータパブリケーションズ　代表取締役社長）

辛い時だと思いますが、新しい時代に向けてがんばって下さい。
また、畑の真ん中にある温泉に入りに行きます。

後藤陽次郎（株式会社デザインインデックス　代表取締役）

北山社長の「自然と文化を大切にする」姿勢は日本の美に大きな影響を及ぼすでしょう。

佐藤芳直（株式会社Ｓ・Ｙワークス 代表取締役）

北山社長は卓越した審美眼と知性の持ち主。
二期リゾートは、美を学び続ける共同体です。

谷口正和（株式会社ジャパンライフデザインシステムズ 代表取締役社長）

苦労の時は、後からやってくるチャンスの準備期間。
いつまでも少女のようなまなざしを持ち続けて下さい。

新見隆（大分県立美術館館長／武蔵野美術大学芸術文化学科教授／二期リゾート文化顧問）

僕の大姉御、北山ひとみさんは、時代の一歩先を考え、
苦悶する現代の若者のために、悩み、共感し、実践する人。
こういう、偉大な企業文化人は、今は亡き堤清二さん以外に、僕は知らない。
生きるのが、共に学ぶこと、というのを真に知っている、希有な経営者です。

浜野安宏（株式会社浜野総合研究所 代表取締役社長）

北山社長の感性は素晴らしい。

それを活かして、今後も焦らず着々と事業を進めていって下さい。

原研哉（株式会社日本デザインセンター 代表取締役／グラフィックデザイナー）

美しいものやホスピタリティの本質について、妥協なくつきつめていく姿勢に共感しますし、何より、励まされます。日本に、世界に誇れるホテルを生み出してほしい。奇を衒わず正面から堂々とそれができるホテル経営者が、北山ひとみさんです。理想が高く、いつも新しいアイデアや構想を抱えているのは、優秀な経営者の特徴だと思います。が、お酒が強くて、何時間でも話が続けられる、そのタフさにも舌を巻きます。アジア活性の時代を迎えて、中国を筆頭に、新しいホテルやリゾート経営があまた出現してきそうな気配ですが、北山さんには、それらに打ち勝つ、美や価値を見定める眼と、肝がおありなので、僕らはそんな北山さんの力になりたいと、いつも願っています。

福井憲彦（学習院大学前学長／学習院大学文学部史学科教授）

北山社長のコンセプトが今後の日本の美術、文化に大きな影響を及ぼすでしょう。

（50音順）

北山ひとみ社長からの依頼は、いつでも新しい

杉本貴志氏（株式会社スーパーポテト 代表取締役）
インタビュー「建築秘話」より

本館の別館設計依頼の際、杉本氏には「ふつうのことをやるのではない密度の高い仕事」が求められたのだといいます。この土地を初めてみた時の杉本氏の第一印象は「つくられた自然じゃない。ごくふつうにある自然の中に埋没できる」。そのために構造設計に配慮し、レストラン　ラ・ブリーズやバーも「二期らしさ」という納得できるものづくりのために、杉本氏は自然と徹底的に向き合い、林の中を散歩し、じっくりと発想を得たのでした。結果、「オープンにしてどんどんいらっしゃい」というようなつくりではない、「わかる人にわかる」「好きな人に好いてもらう空間づくり」への進路が得られました。それを杉本氏は『思想の構造の強度』という言葉で表現されています。「普通のことになったら決して持続できない。どれだけ突出してゆくか。どれだけ傑出してゆくか。最大公約数なんか通用しない」「人を感動させる力がなくてはならない」、その取り組みの姿勢が、本質がわかるお客様の高い評価を得るに至りました。とりわけ、クリエーターや建築家からの評判は高く、北山社長の人柄と魅力と共に、口コミで二期倶楽部の噂が広まってゆきました。杉本氏は、日本独自の多様な魅力があるなかで、「ここまでこなくては」という深掘りこそが大切だとメッセージを送ります。余計なものをとことん取り払い、透過させていく。その先にあるのが「日本ならではの快楽」。それは昔からあって何かを感じさせる自然。その自然の中にあって一献の酒を呑む満足。自分の精神と自然が同化してゆくような魅力。それが「二期らしさ」なのだと、力強く語られました。

あとがき

「故郷を甘美に思う者はまだ嘴の黄色い未熟者である。あらゆる場所を故郷と感じられる者は、すでにかなりの力をたくわえた者である。だが、全世界を異郷と思う者こそ、完璧な人間である」

エドワード・W・サイード『オリエンタリズム』

私には、甘美に思える故郷というものがありません。二期倶楽部の敷地内を常に流れるせせらぎの音、秋になると台地は腐葉土の香りに包まれます。季節の光や風の色……この豊かな自然の懐に抱かれ、野の花や小さな動植物たちに心を寄せられるようになったことは、私にとってかけがえのない大きな喜びとなっています。2人の娘たちと、数えきれないほど通った道……かつて不便だったこともすっかりと忘れ今、私はここに居ることに感謝しています。

あるお客様から、子どもの成長と共に二期倶楽部と居られることが嬉しい、というお便りをいただいたことがあります。また、某お客様のお嬢様には、ボーイフレンドとご来館された時にお声を掛けられ、そのご成長に驚いたものです。幼い頃、いらっしゃる度にホールにあるピアノを前に、ショパンの名曲の数々を弾いていらした姿を懐かしく思いだします。

私が私であること
私が私からはなれること

永遠のマイノリティであった「異郷の少女」、政治哲学者ハンナ・アーレントは、その母についての回想の中で「あらゆる社会的結びつきの外に立っているということ、一切の先入観から離れているということは、とても美しいものだった」と述べています。だから私は〝理解しなければならない〟、その〝内的必要性〟から。

これまで、経済学はおろか、ホテルスクールで基本的なサービスについて学んだことすらない素人経営者です。一切の団体に所属せず、格別の人脈や後ろ盾がないまま、30年近くこの小さなホテルのマネジメントを通じて経営者の道を歩んできました。学んだことを各事業に関係づけて体系化していく、そんな営みが経営であるとすれば、１００人の経営者には、１００通りの創造に至る道が用意されているのではないでしょうか。

そのような道は、例えるならば自らの魂を探す過程ともいえます。私たちは一瞬一瞬、取り返せない大切な時を生き、そして、また大きな喜びの隣にいつもかなしみを持っているのです。ライナー・マリア・リルケは、そのかなしみを〝無駄に浪費〟してはならないとうたいました。

こうした魂を探す過程の中で日々の思考は、常に自身の生への問いへとつながっています。そうした思考の繰り返しから、自ずと現れてきたこのささやかな道を、「人分けの小道」とは呼べないでしょうか……。

今回、慣れない筆を執りながらしみじみと感じたことは、実は私という存在が元々あったのではなく多くの書籍や、先人の言葉をあたかもたまねぎの皮を重ねるようにして、今の自分は成り立っているということでした。特にこの本に素晴らしい文章をお寄せ下さった山のシューレの総合監修を担って下さっている伊藤俊治先生はじめ、チャーミングなハンサムウーマン佐伯順子先生、いつも私の心を動かす言葉を紡いで下さる高橋睦郎先生、文化資本経営について多大な影響を受けた福原義春さん、ホスピタリティ経営への道を示して下さった山本哲士先生の諸先生方、そして長い間文化顧問としてお支え下さったソウルメイト新見隆先生にはその視点が縦横に私の中に影響して、今の私がいると感じています。また、この度本書のためにわざわざ那須までお出掛け下さり素晴らしい写真の数々を撮影して下さった能勢伊勢雄先生に感謝申し上げます。改めて、お力添えいただきました皆様にお礼申し上げます。

こうした多くの賢人の方々の言葉に日々導かれながら、来し方を考えつつ、また、次なる未来へと私の夢をつなげていきたいと思います。

夢といえば、いつも私は建築家フンデルトヴァッサーのポエティックなメッセージを思い出します。

「一人の人が夢を見ていても、それはただの一つの夢にしか過ぎない。しかし、多くの人が夢を見るならば、そこからもう現実は始まっている」

最後になりましたが本書をまとめるにあたり、株式会社ジャパンライフデザインシステムズの谷口正和代表はじめ、編集部の皆様には何から何までお世話になり、感謝の念に堪えません。そのお支えと助力がなければ、本書がこんなに早く刊行されることはなかったでしょう。ありがとうございました。

北山　ひとみ

波波波
吉田加南子
吉田加南子詩集 仕事 詩学社
吉田加南子
幸福論
踏みはずし
モーリス・ブランショ
沈黙の世界
無の透視法
小林康夫
アンジェロの朝
思考の天球
小林康夫
知の即興
明るい部屋
バタイユの黒い天使
火の精神分析
ガストン・バシュラール
ベケットとヴァン・ヴェルデ
眼と精神

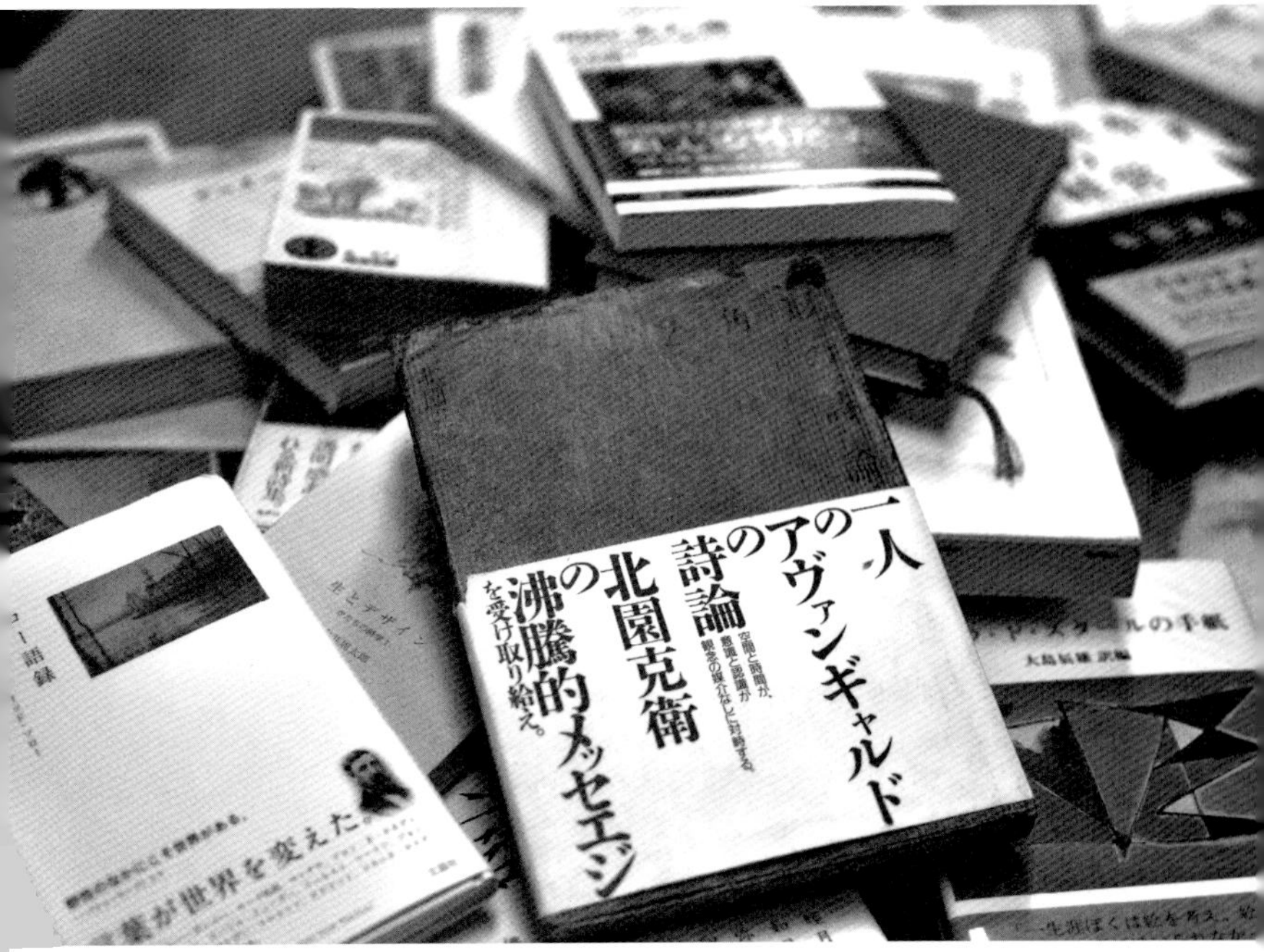
一人のアヴァンギャルドの詩論
北園克衛の沸騰的メッセエジを受け取り給え。
空間と時間が、意識と認識が観念の媒介なしに対峙する。
言葉が世界を変えた

北山 ひとみ　kitayama hitomi

株式会社二期リゾート　代表取締役

二期倶楽部総支配人

東京生まれ。1980年、株式会社栄光の創立に携わり、経営企画室・取締役第二事業本部長を経て1986年「二期倶楽部」をオープン。その他、長期滞在型レジデンス「アート・ビオトープ那須」東京・千鳥ヶ淵のライブラリーカフェ「ギャラリー册」の運営のほか、ゲストハウス「千本松・沼津倶楽部」などのホテル運営受託事業を手掛ける。現在特定非営利活動法人アート・ビオトープ理事長、特定非営利活動法人デザインニッポンの会理事、特定非営利活動法人保育:子育てアドバイザー協会理事。

二期倶楽部

〒325－0303　栃木県那須郡那須町高久乙道下2301

TEL　0287－78－2215　　http://www.nikiclub.jp

株式会社 二期リゾート

〒151－0065　東京都渋谷区大山町45－18　代々木上原ウエストビル1F

TEL　03－3466－5818　　FAX　03－3466－5902

北山ひとみ　人分けの小道

定　　価　本体1800円＋税

発 行 日　2014年9月26日　第1刷発行
著　　者　北山 ひとみ
発 行 者　谷口 正和
発 行 所　Life Design Books　ライフデザインブックス
株式会社　ジャパンライフデザインシステムズ
〒150－0036　東京都渋谷区南平台町15－13　帝都渋谷ビル
TEL　03－5457－3048
FAX　03－5457－3049
http://www.jlds.co.jp

写　　真　能勢 伊勢雄　表紙カバー、P2-3、9-13、30、51、66-73、
92-97、105、107-113、135、139、175
片桐 飛鳥　P52-53、74-75、78-79
印刷・製本　株式会社サンエムカラー

I S B N　978－4－901484－69－5